Hans G. Franciskowsky

AUF DEN SPUREN BEDROHTER TIERE

Achtung, Eierdiebe!

SCHNEIDER BUCH

Die Deutsche Bibliothek – CIP-Einheitsaufnahme

Franciskowsky, Hans G.:
Auf den Spuren bedrohter Tiere / Hans G. Franciskowsky.
(Ill.: Gertraud Funke). – München: F. Schneider.
Bd. 2. Achtung Eierdiebe! – 1992
ISBN 3-505-04475-X

Frankfurter Ring 150 · 8000 München 40

Titelbild und Illustrationen: Gertraud Funke
Umschlaggestaltung: Claudia Böhmer
Lektorat: Vera Fiebig-Coldewey
Herstellung: Brigitte Matschl
Satz: Walter Biering GmbH · Grafischer Betrieb · München
Druck: Presse-Druck, Augsburg
ISBN: 3-505-04475-X

Vorwort

Die Seeadler an der Ostsee und die Vögel der Nordseeküste haben gemeinsam, daß sie große Räume benötigen, in denen sie ungestört ihre Brut aufziehen können. Doch diese Räume werden in unserem dicht besiedelten Land immer enger. Nur in den Naturschutzgebieten finden die Vögel noch die nötige Ruhe. In den meisten anderen Gebieten sorgt der immer weiter vordringende Tourismus für Störungen: Zumeist aus Unwissenheit kommen die Küstenbesucher den Gelegen zu nahe, scheuchen die Vögel auf und vertreiben sie aus ihren Nestern.
Aber nicht nur durch dieses gedankenlose Verhalten werden seltene Vogelarten bedroht. Auch skrupellose Eiersammler gefährden den Bestand, indem sie mit Vorliebe Jagd machen auf die Brut jener Vögel, die vom Aussterben bedroht sind.

Uwe Schneider

Uwe Schneider ist Geschäftsführer des *Vereins Jordsand zum Schutz der Seevögel und der Natur e. V.*

Seeadler in Gefahr

„Schau mal“, rief Sara, „da ist ein Seeadler!“

Ihr Bruder Sebastian legte die Hand über die Augen und spähte in den blauen Märzhimmel hinauf. Tatsächlich: Hoch über ihnen zog ein großer Vogel seine Kreise.

„Woher willst du denn wissen, daß das ein Seeadler ist?“

Zweifelnd blickte der dreizehnjährige Junge seine Schwester an. Zugegeben, in Biologie kannte sie sich noch besser aus als er, obwohl sie ein Jahr jünger war. Aber daß sie einen Seeadler erkennen konnte, glaubte er nun doch nicht.

Sara ließ sich nicht beirren. „Das sieht man doch“, antwortete sie und blickte unverwandt in die Höhe.

Die Geschwister standen am Ufer eines großen Sees im Osten von Schleswig-Holstein. Die Sonne wärmte schon, und einige Holunderbüsche hatten bereits erste zarte Blättchen. Die Äste der Buchen und Eichen jedoch waren noch ganz kahl und das Schilf am Ufer noch gelb.

„Weißt du eigentlich, daß man viel Glück haben muß, um einen Adler zu sehen?“ sagte Sara.

Verwundert schüttelte Sebastian den Kopf. „Wieso denn? Die flattern doch hier überall an den Seen rum. Oder nicht?“

Sara lachte. „Erstens flattern Adler nicht, sondern rudern mit ihren Flügeln. Und überall sind sie erst recht nicht, weil es nur noch ganz wenige gibt. Seeadler sind vom Aussterben bedroht.“

„Und woher weißt du, daß es ein Seeadler ist?“ Sebastian war immer noch nicht überzeugt.

„Adler erkennt man an ihren brettartigen Flügeln, die vom Körper bis zu den Flügelspitzen fast gleich breit sind“, erklärte Sara. „Und außerdem haben sie einen kurzen, weißen Schwanz.“

Sebastian stieß einen anerkennenden Pfiff aus. „Da hast du dich ja mal wieder richtig in die Bücher reingekniet, Schwesterchen“, meinte er. „Gut, daß ich dich habe, sonst müßte ich das alles selber nachlesen.“

Sara strich sich eine blonde Haarsträhne aus der

Stirn und lachte. „Das würde dir nicht schaden! Ich sollte dir überhaupt nichts sagen, du Faulpelz, sondern dir die Bücher vor die Füße werfen!“

Sebastian legte den Kopf schief und blickte seine Schwester treuherzig an. „Und du meinst, ich würde sie dann lesen?“ Statt einer Antwort zuckte Sara nur mit den Schultern.

Der Adler ließ sich abfallen und verschwand hinter einigen Baumwipfeln, stieg aber gleich darauf wieder auf. Dabei ließ er ein tiefes, gedämpftes „Ga-ga-ga“ hören.

Plötzlich krachte ein Schuß. Erschrocken zuckten die Geschwister zusammen.

Der Adler legte die Flügel an, schien das Gleichgewicht zu verlieren und stürzte einige Meter in die Tiefe. Dann fing er sich wieder und flog mit kräftig rudernden Flügelschlägen davon.

„Jemand hat auf den Adler geschossen!“ empörte sich Sara. „Dabei ist es streng verboten, Seeadler zu jagen. Sie stehen unter Naturschutz.“

Sara lief zu einem nahen Bootssteg. Vielleicht konnte sie von dort aus sehen, wohin der Adler geflogen war und wer auf ihn gefeuert hatte.

Sebastian wollte ihr folgen. Er blieb jedoch mit einem Jackenärmel an den Beschlägen eines Motorbootes hängen, das am Ufer lag. Ein Junge und ein Mädchen waren damit beschäftigt, eine schadhafte

Stelle am Boot auszubessern. Sie hatten sie mit einer weißen Masse ausgespachtelt und schliffen nun die letzten Unebenheiten ab.

„He, paß doch auf!" rief der Junge.

„Entschuldigung", sagte Sebastian und machte seinen Ärmel los. Glücklicherweise hatte die Jacke keinen Riß bekommen.

„Schon gut." Der Junge hatte ein blasses Gesicht und dunkle, weit auseinanderstehende Augen. Sein schwarzes Haar reichte ihm bis in den Nacken.

Das Mädchen wirkte zerbrechlich und schüchtern. Mit großen, blauen Augen blickte sie Sebastian an, als fürchte sie, daß er einen Streit vom Zaun brechen werde.

„Habt ihr den Schuß gehört?" fragte Sebastian die beiden aufgeregt. „Da hat jemand auf einen Seeadler geschossen!"

Der Junge lachte verächtlich. „Na und?" entgegnete er. „Was macht das schon? Die Adler fressen uns nur die Fische weg. Und Vögel jagen sie auch."

„Was? Fressen Adler denn Vögel?" Sebastian blickte den Jungen ungläubig an.

„Und ob!" sagte der. „Bläßhühner, Haubentaucher, Stockenten, Graugänse... alle Wasservögel eben!"

Sebastian kratzte sich nachdenklich am Kopf. „Trotzdem", meinte er dann. „Adler stehen unter Naturschutz!"

„Und wenn schon." Der Junge packte seine Sachen zusammen. Dann forderte er das Mädchen mit einem Kopfnicken auf, ihm zu folgen, und machte sich auf den Weg.

„Ritschie", rief das Mädchen hinter ihm her. „Weißt du, wo meine Mütze ist?"

„Da, wo du sie hingelegt hast", erwiderte Ritschie unfreundlich und ging weiter.

„Ist sie das hier?" Sebastian bückte sich und hob eine rote Wollmütze auf, die im Gras neben dem Boot lag.

Hastig griff das Mädchen nach der Mütze. Dann drehte sie sich ohne ein Wort um und rannte hinter dem Jungen her.

„He, Ritschie!" rief Sebastian. „Du hast was vergessen."

Der Junge blieb stehen. Er warf einen Blick auf seine Sachen, vermißte aber offenbar nichts. „Was denn?" fragte er.

„Eine Cola-Dose!"

Ritschie tippte sich bezeichnend mit dem Zeigefinger an die Stirn und verschwand zwischen den Büschen.

Sebastian verdrehte nur die Augen. Mit einer solchen Antwort hatte er gerechnet.

Ein paar Sekunden später kam Ritschie wieder aus den Büschen hervor. Neben ihm trottete ein großer, schwarzer Hund, der offenbar irgendwo im Unterholz verborgen gewesen war.

Sebastian stockte der Atem: Der Hund sah furchterregend aus! Es war ein Mastino Napoletano, ein römischer Kampfhund. Er reichte dem Jungen fast bis zur Brust und wog bestimmt mindestens hundert Kilo. Sein riesiger Kopf war ganz in Falten gelegt, so als quälten ihn drückende Sorgen. Aber Sebastian wußte, daß Kampfhunde äußerst gefährlich werden konnten – vor allem, wenn sie falsch erzogen wurden.

Ritschie grinste, als er sah, wie erschrocken Sebastian war. Dann gab er dem Mastino einen kräftigen Klaps und ging mit ihm davon.

Sebastian atmete einige Male tief durch. Gerade in der letzten Zeit konnte man immer wieder von Kampfhunden lesen, die Menschen angegriffen und schwer verletzt hatten. „O Mann“, murmelte er. „Mit so einem Monster möchte ich nicht alleine in der Gegend rumlaufen.“ Kopfschüttelnd blickte er den beiden nach, dann wandte er sich dem Boot zu.

Es schien ziemlich neu zu sein, hatte allerdings schon einige Schrammen. Es war lang und flach wie ein Rennboot. Ob es Ritschie gehörte? Nein. Ritschie war ja kaum älter als er und hatte bestimmt kein eigenes Rennboot. Andererseits: er hatte ja auch einen Mastino, einen Kampfhund, den selbst

Erwachsene kaum bändigen konnten.

„Nichts mehr zu sehen“, rief Sara, die den Steg nun verließ und zu ihm kam. „Weder von dem Adler noch von dem Schützen. Ich möchte wirklich wissen, wer so gemein ist und auf Vögel schießt, die vom Aussterben bedroht sind. Den würde ich sofort anzeigen!“

„Wieso sind die Seeadler eigentlich vom Aussterben bedroht?“ fragte Sebastian. „Sind denn so viele abgeschossen worden?“

„Keine Ahnung“, gestand Sara. Sie tippte ihren Bruder an. „Aber im Bungalow gibt es ein Buch über Seeadler“, neckte sie ihn. „Ich gebe es dir. Dann kannst du ja alles nachlesen.“

Sebastian tippte sich an die Stirn. „Du spinnst wohl! In den Ferien Schulbücher lesen... Ich bin doch nicht bekloppt!“

Er betrat den Bootssteg und hüpfte auf einem Bein von Planke zu Planke.

„Hör auf mit dem Gepolter, Sebastian!“ Sara war ungehalten. „Du scheuchst ja die ganzen Fische auf!“

Sebastian blieb stehen und blickte ins Wasser. Es war so braun und trüb, daß er die Fische nicht sehen konnte. Es war noch zu früh im Jahr; sie würden erst munter werden, wenn es wärmer wurde.

Sara hatte schon recht: Mit seinem Gepolter

schreckte er die Fische nur unnötig auf.

Verlegen zupfte er sich am Ohr und ging langsam zum Ufer zurück. „Ich dachte, nach der langen Winterpause könnten sie ein bißchen Aufmunterung gebrauchen“, witzelte er.

„Quatsch! Du hast überhaupt nicht gedacht.“

„Stimmt“, gab er zu.

„Solltest du aber!“ meinte Sara, hob Ritschies Cola-Dose auf und warf sie in den nächsten Abfalleimer.

2 4475-8

Eierdiebe

Langsam schlenderten die Geschwister zu dem Bungalow zurück, in dem sie für den Rest der Ferien zusammen mit ihrem Vater wohnten.

Alfred Berresen war ein erfolgreicher Tierfotograf, der hauptsächlich im Auftrag des IFAW arbeitete, des *International Fund for Animal Welfare.* Diesmal sollte er für diese weltweit tätige Tierschutzorganisation Fotos von Vögeln in Schleswig-Holstein machen.

Da er Sebastian und Sara nicht allein in Hamburg zurücklassen wollte, hatte er sie kurzerhand mitgenommen. Fast den ganzen Tag war er unterwegs. Aber auch ohne ihren Vater unternahmen die Geschwister viele Ausflüge.

Sie waren schon ein paarmal zum Ostseestrand geradelt, und die Wälder und Seen der Umgebung hatten sie auch schon erkundet.

Heute waren sie zu Fuß unterwegs. Vom Bungalow bis zum See waren es ja nur wenige Minuten.

Als sie das Haus erreichten, lief ihnen schon die junge Schäferhündin entgegen. Sie gehörte dem Vermieter des Hauses, einem Großbauern. Freudig sprang sie an Sara und Sebastian hoch.

„Ist ja gut, Senta, ist ja gut“, beruhigte Sara die Hündin.

Erst nachdem sie ausgiebig gestreichelt worden war, streckte Senta sich wieder auf der Fußmatte aus, um die Pforte zum Grundstück zu beobachten.

Als Sara und Sebastian das Wohnzimmer betraten, stellten sie überrascht fest, daß ihr Vater schon zu Hause war.

„Du bist ja schon da, Papi!“ sagte Sara. „Wir haben dein Auto gar nicht gesehen.“

„Es steht drüben an der Straße“, antwortete Berresen.

„Ist was passiert?“ wollte Sebastian wissen.

„Das kann man wohl sagen“, erwiderte sein Vater. „Stellt euch vor, als der Förster und ich heute nachmittag unterwegs waren, hörten wir plötzlich einen Schuß! Jemand hat auf einen Seeadler geschossen. Da war natürlich der Teufel los, und für mich hatte keiner mehr Zeit.“

„Den Schuß haben wir auch gehört!“ sagte Sara aufgeregt. „Aber dem Adler ist ja Gott sei Dank nichts passiert.“

„Wird denn derjenige, der geschossen hat, nun gesucht?“ fragte Sebastian und ließ sich neben seinem Vater auf das Sofa sinken.

„Na klar!“

Sara und Sebastian verstanden sich sehr gut mit ihrem Vater. Ihre Mutter hatten sie vor zwei Jahren verloren. Sie war bei einem Verkehrsunfall ums Leben gekommen.

Alfred Berresen war ein konservativer Mann. Er hatte einen mit besonderer Liebe gepflegten Kaiser-Wilhelm-Bart, und auch sonst schien ihm sein Äußeres recht wichtig zu sein. Jedenfalls trat er stets gepflegt auf und hielt sich immer kerzengerade. Disziplin war für ihn das halbe Leben. Zum Glück war er jedoch vor allem mit sich selbst streng und ließ seinen Kindern augenzwinkernd so manches durchgehen.

„Wieso sind Seeadler eigentlich vom Aussterben bedroht?“ fragte Sebastian.

Alfred Berresen blickte ihn erstaunt an. „Nanu, mein Sohn? Du stellst solche Fragen? Und das mitten in den Ferien?“ Er schmunzelte. „Ich dachte, in dieser Schonzeit erkundigst du dich höchstens mal danach, wo die nächste Frittenbude ist oder wo es die besten Pommes rot-weiß gibt.“

Schlagfertig gab Sebastian zurück: „Frittenbude ist Umgangston, Papi, und Pommes rot-weiß eine Abkürzung, die...“

Berresen unterbrach ihn lachend. „Schon gut, schon gut, junger Freund. Du wolltest was über Seeadler wissen.“

„Genau. Warum gibt es nur noch so wenige?"

„Erstens durften sie früher gejagt werden. Und da wurden zu viele abgeschossen. Zweitens haben sich im Laufe der Zeit mehr und mehr Menschen hier an der Küste angesiedelt und dadurch den Adlern Lebensraum weggenommen. Und als es schon fast keine Seeadler mehr gab, da traten die Eierdiebe auf den Plan."

„Eierdiebe?" staunte Sara. „Gibt es die wirklich?"

„Schmecken die Eier von Seeadlern denn so gut?" fragte Sebastian ungläubig.

„Das ist mal wieder typisch Basti", lachte Sara ihn aus. „Die essen die Eier doch nicht!"

Aber dann war sie sich plötzlich doch nicht mehr so sicher. Fragend blickte sie ihren Vater an. „Oder?"

„Natürlich nicht", erwiderte der. „Sie holen die Eier aus den Nestern, um sie zu sammeln – so wie andere Leute Briefmarken oder Münzen sammeln."

„So ein blödes Hobby!" Sebastian winkte verächtlich ab und wollte über etwas anderes sprechen.

Sara jedoch gab sich noch nicht zufrieden. „Dann haben die Eier also einen Wert", überlegte sie. „So wie Briefmarken."

„Richtig", sagte Berresen. „Und das ist genau das Problem. Für die Eier wird nämlich viel Geld bezahlt. Ich habe gelesen, daß für ein Seeadlerei mehrere zehntausend Mark geboten werden."

Sebastian richtete sich kerzengerade auf. „Soo viel? Dann sind die Leute ja doch nicht so blöd. Aber wahnsinnig. Wenn sie die Eier aus den Nestern nehmen, sterben die Seeadler aus!"

„Richtig, Sebastian", bestätigte Berresen und strich sich behutsam über seine Bartspitzen. „Und genau das wollen diese Menschen auch erreichen. Wenn es keine Seeadler mehr gibt, steigen die Preise für die Eier nämlich noch mehr."

Plötzlich hörten sie Senta bellen.

Sara stand auf, schob die Gardine zur Seite und blickte zum Fenster hinaus. „Da ist ein Auto an der Pforte", sagte sie, „aber die Leute trauen sich wohl nicht auszusteigen. Sie haben Angst vor Senta. Ich geh mal raus. Oder möchtest du, Sebastian...?"

Doch ihr Bruder hatte rasch zu einem Buch gegriffen und blätterte darin.

„Tu nicht so scheinheilig, du Faulpelz! Du bist ja bloß zu faul, um rauszugehen", sagte Sara lachend und rannte hinaus.

Senta stand an der Pforte und bellte das Auto wütend an. Als Sara jedoch kurz auf den Fingern pfiff, war die Hündin augenblicklich still. Mit hängendem Kopf trottete sie auf Sara zu.

„Das hast du gut gemacht", lobte Sara, „aber nun ist es genug. Wir haben es ja gehört."

Als sie an die Pforte trat, glitt die abgedunkelte

Fensterscheibe des Autos herunter. Es war ein großer, schwarzer Mercedes.

Überrascht stellte Sara fest, daß der Mann und die Frau, die in dem Auto saßen, sehr fremdländisch aussahen. Offenbar kamen sie aus einem fernöstlichen Land, vielleicht aus China oder Japan oder Korea. Sie waren elegant gekleidet, und an den Armen der Frau blitzten Gold und Diamanten.

„Ja bitte?“ fragte Sara höflich.

„Wir suchen das Herrenhaus von Herrn Nagelschmidt“, sagte der Mann, der das Luxusgefährt steuerte. „Es soll hier irgendwo in der Gegend sein.“

Erstaunt bemerkte Sara, daß er ein nahezu akzentfreies Deutsch sprach und keinerlei Mühe mit dem „r“ hatte.

Sie wußte, wo das Herrenhaus war, und den Großbauern Nagelschmidt kannte sie auch. Von ihm hatte ihr Vater ja das Ferienhaus gemietet. Er war ein großer, vierschrötiger Mann mit tiefschwarzem Haar, das nur an der rechten Schläfe schlohweiß war. Er hatte eine laute Stimme und lachte viel. Sara war er auf Anhieb sympathisch gewesen.

„Sie müssen etwa zweihundert Meter weiterfahren und dann links in eine kleine Straße abbiegen“, antwortete sie. Im stillen wunderte sie sich jedoch: Warum wollte jemand aus einem so fernen Land einen Großbauern in dieser Gegend besuchen?

Die Frau lächelte. Sie hatte blendend weiße Zähne und wirkte so gepflegt, als käme sie geradewegs aus einem Schönheitssalon.

„Vielen Dank für die Auskunft." Sie nickte Sara freundlich zu. Dann glitt das Fenster lautlos nach oben, und der Wagen fuhr davon.

„Es waren wohl doch keine Chinesen", überlegte Sara, nachdem sie ihrem Vater und Sebastian von der Begegnung berichtet hatte. „Die können ja kein ‚r' sprechen. Die hätten gesagt: Wil suchen das Hellenhaus von Helln Nagelschmidt. Es soll hiel ilgendwo in del Gegend sein."

Der Wappenvogel

„Morgen könnt ihr mitkommen, wenn ihr wollt“, eröffnete Berresen seinen Kindern, nachdem sich das Gelächter über Saras Scherz gelegt hatte.

„Wohin denn?“ fragte Sebastian neugierig.

„Zu den Bewachern der Seeadler“, erwiderte der Vater und strich sich über die Bartspitzen. Erwartungsvoll blickte er seine Kinder an.

„Bewacher?“ Sebastian schüttelte verwundert den Kopf. „Werden die Seeadler bewacht?“

„Ja“, antwortete Berresen. *„Das Projekt Seeadlerschutz* versucht seit Jahren erfolgreich, die Adler, immerhin das deutsche Wappentier, in Schleswig-Holstein zu schützen. Hier in der Nähe gibt es mehrere Horste. Und die werden rund um die Uhr bewacht, von März bis Juli, wenn die Jungvögel ausfliegen.“

Sara war begeistert. „Ich würde sehr gern sehen, wie so ein Horst bewacht wird. Ich kann mir gar nicht vorstellen, wie so was geht.“

Berresen griff nach dem Buch über Seeadler und blätterte darin. „Und jetzt verrate ich euch ein Geheimnis“, sagte er dann.

Sara und Sebastian horchten auf: Geheimnisse liebten sie über alles!

„Ich bin nicht nur zum Fotografieren hier in dieser Gegend“, vertraute Berresen ihnen an, „sondern auch noch aus einem anderen Grund.“

Erwartungsvoll blickten Sara und Sebastian ihren Vater an.

„Leider gibt es unter meinen Kollegen jemanden, der sich nicht so verhält, wie er eigentlich sollte“, fuhr Berresen fort. „Er ist sozusagen das schwarze Schaf in unserer Zunft.“

„Wieso?“ fragte Sebastian. „Was macht er denn?“

„Er verstößt gegen alle Vorschriften und arbeitet ohne Genehmigung in den Naturschutzgebieten. Die Naturschutzbehörde würde ihm gern das Handwerk legen, aber bis jetzt ist er ihnen immer wieder entwischt.“

„Und jetzt sollst du helfen, ihn zu finden?“ Sebastian war hellauf begeistert. Sein Vater als Detektiv – das konnte ja aufregend werden!

„Man hat mich gebeten, auf diesen Mann zu achten“, bestätigte Berresen. „Er richtet erhebliche Schäden an.“

„Aber wieso denn?“ wollte Sara wissen. „Er fotografiert doch nur.“

„Er versteckt sich in den Wäldern, um Aufnahmen von Tieren machen zu können“, erklärte Berresen,

„dabei stört er die Tiere auf. Die Seeadler zum Beispiel. Auf die hat er es abgesehen. Aber diese Tiere können besonders gut sehen. Sie haben Augen wie Teleskope. Wenn man ihnen bis auf etwa tausend Meter nahe kommt, verlassen sie ihren Horst und steigen auf."

„Ja und?" Sebastian begriff nicht ganz, was sein Vater damit sagen wollte. „Das ist doch nicht so schlimm. Irgendwann kommen sie schon zurück."

„Richtig, mein Sohn", erwiderte Berresen. „Irgendwann! Aber dann ist es oft schon zu spät. Denn jetzt, Ende März, Anfang April legen die Seeadler ihre Eier und brüten sie aus. Es ist noch kalt, und wenn die Adler ihr Nest verlassen und nicht rechtzeitig zurückkehren, kühlen die Eier zu stark ab. Und dann stirbt die Brut. Alles klar?"

„Ja, jetzt verstehe ich, was du meinst", antwortete Sebastian. Er war sehr nachdenklich geworden.

Berresen erhob sich. „Ich muß noch einmal weg", sagte er, „aber ich bin bald wieder zurück." Er ging zur Garderobe und zog sich einen leichten Mantel an.

„Vorhin habe ich einen Jungen mit einem Mastino gesehen", erzählte Sebastian.

Mit einem Ruck drehte sich Berresen zu ihm herum. „Bist du sicher? Ein Mastino?" Selten hatten die

Geschwister ihren Vater so besorgt gesehen.

„Ja, ganz sicher", bestätigte Sebastian und beschrieb den Hund, den Ritschie bei sich gehabt hatte.

„Ein Junge läuft mit so einem Tier durch die Gegend?" empörte sich Berresen. „Und der Mastino hatte keinen Maulkorb um? Das ist unverantwortlich! Ich werde mit dem Vater reden, wenn ich ihn sehe."

„Weißt du denn, wem der Hund gehört?" staunte Sara.

„Nein, aber das werde ich schon herausfinden. Wenn dieser Ritschie und das Mädchen aus der Gegend sind, wird es mir sicher irgend jemand sagen können." Bevor er zur Tür hinausging, gab er seinen Kindern jedoch noch einen Rat: „Wenn ihr den Mastino noch einmal sehen solltet, macht einen weiten Bogen um ihn. Und unterlaßt alles, was ihn reizen könnte. Kampfhunde sind gefährlich. Im alten Rom hat man sie sogar gegen Löwen kämpfen lassen, und oft genug waren sie Sieger."

„Oje", stöhnte Sebastian. „Wenn ich das gewußt hätte, wäre ich wahrscheinlich in den See gesprungen!"

Als Berresen gegangen war, machte Sebastian es sich vor dem Fernseher gemütlich. Sara kuschelte sich in eine Sofaecke und schlug das Buch über Seeadler auf.

SEEADLER

Die Geschwister merkten gar nicht, wie die Zeit verging. Erst als es schon dunkel war, verspürten sie plötzlich einen Bärenhunger. Sie gingen in die Küche, um sich etwas zum Essen zu machen.

„Was steht denn in dem Buch über die Seeadler?" fragte Sebastian seine Schwester, während er ein dickes Wurstbrot vertilgte.

„Du würdest staunen", erwiderte sie.

„Erzähl doch mal!"

Aber Sara schüttelte den Kopf. „Lies es doch selbst! Es ist ein sehr spannendes Buch!"

Sebastian verdrehte die Augen und ließ sich auf einen Stuhl fallen. „Warum sollen wir denn beide das Buch lesen?" maulte er. „Das ist die reinste Zeitverschwendung! Es ist doch viel einfacher, wenn du mir erzählst, was drin steht."

„Papi möchte aber, daß du selber liest", meinte Sara hartnäckig.

Sebastian stützte sich mit den Ellenbogen auf den Tisch und blickte Sara treuherzig an. „Nun komm schon", meinte er bittend. „Oder willst du, daß ich morgen ohne die geringste Ahnung zu den Seeadlern fahre?"

Sara lachte. „Du bist bloß zu faul zum Lesen. Das ist alles."

„Ich gebe es ja zu", entgegnete Sebastian gähnend. „Aber müssen wir das unbedingt heute abend ändern? Außerdem sind Ferien."

„Also, hör zu", begann Sara schließlich, da Sebastian ja doch keine Ruhe geben würde. „Seeadler gibt es fast an allen Küsten, Flüssen und Seen der Welt. Der bei uns vorkommende Seeadler ist ein sehr großer, gedrungener Greifvogel. Er hat einen mächtigen, bernsteingelben Schnabel und breite, brettförmige Schwingen."

Sebastian staunte. „Toll, was du schon alles weißt!"

„Steht alles in dem Buch", sagte Sara und fuhr fort: „Die Weibchen sind größer als die Männchen. Ihre Flügel haben eine Spannweite bis zu zweieinhalb Metern. Die Männchen bringen es dagegen nur auf etwa zwei Meter dreißig. Sie ..."

Sara stockte, als plötzlich Sentas wütendes Bellen zu hören war. „Da draußen ist jemand", flüsterte sie.

Normalerweise war sie eigentlich nicht ängstlich, aber irgendwie war ihr jetzt doch unheimlich zumute: Es war schon dunkel, und sie waren ganz allein im Haus. Nicht einmal ein Telefon gab es, um notfalls jemanden zu Hilfe rufen zu können.

Sebastian stand auf und ging ans Fenster. Er legte die Hände an die Scheibe, um seine Augen gegen das Licht abzuschirmen. Es war jedoch zu dunkel draußen, und er konnte nichts erkennen. „Licht aus!" zischte er.

Plötzlich ertönte ein lautes, wildes Knurren, und dann heulte Senta schmerzgepeinigt auf.

Sara rannte zur Haustür und öffnete sie. Mit eingezogenem Schwanz schoß Senta an ihr vorbei und verschwand unter dem Ecktisch an der Garderobe. Zitternd preßte sie sich an den Boden.

„Tür zu!“ schrie Sebastian, als er sah, daß Sara nur die Hündin im Auge hatte und auf nichts anderes achtete. „Schnell!“

Sara schlug die Tür zu und lehnte sich dagegen. „Hör doch mal“, flüsterte sie und wurde blaß.

Sebastian griff nach ihrer Hand. „Keine Angst“, flüsterte er.

Atemlos horchten sie nach draußen. Da war jemand vor der Tür! Er schnaufte schwer, entfernte sich nun aber wieder.

Senta knurrte und zog wütend die Lefzen hoch.

„Ruhig“, sagte Sebastian. „Ganz ruhig, Senta. Es ist alles in Ordnung.“

Seine Worte beruhigten die junge Schäferhündin. Sie legte den Kopf auf die Vorderpfoten und blickte Sebastian vertrauensvoll an.

Sara ließ sich auf einen Stuhl fallen. „Was war das bloß?“ fragte sie, als sie sich von ihrem Schrecken erholt hatte. „Ich dachte, jetzt bricht jeden Moment jemand bei uns ein!“

Aber ihr Bruder schüttelte den Kopf. „Ich glaube

nicht, daß es ein Dieb war“, widersprach er. „Ich glaube, es war ein Hund.“

Er lachte. Mit einem Mal fühlte er sich sehr erleichtert. In seinen braunen Augen blitzte es auf. „Senta hat ihn in die Flucht geschlagen“, fuhr er vergnügt fort. „Sie ist immer vor ihm her gerannt, bis er aufgegeben hat.“

Sara mußte daran denken, wie die Hündin durch die Tür hereingeschossen war, und lachte ebenfalls. „Es muß ein großer und starker Hund gewesen sein“, sagte sie. „Ob es der Mastino war?“

Sebastian wurde ernst. „Hoffentlich nicht“, erwiderte er. „Ich mag gar nicht daran denken, daß so ein großer und gefährlicher Köter hier womöglich frei umherläuft!“

Sara lockte Senta unter dem Tisch hervor, um sie zu streicheln. Die junge Hündin liebte es, unter ihrer Schnauze und an den Ohren gekrault zu werden.

„Verletzt ist sie jedenfalls nicht“, stellte Sara fest, nachdem sie Senta flüchtig untersucht hatte. „Sie blutet nirgendwo.“ Sie zog die Hündin an sich und umarmte sie. „Morgen früh suchen wir nach Spuren“, meinte sie dann, „vielleicht finden wir ja etwas über den Hund heraus, der da draußen war.“

Saras ganze Liebe galt den Tieren. Nichts empörte sie mehr als Tierquälerei, und wenn ein Hund in der Dunkelheit umherstreunte und andere Hunde – oder

3 4475-8

womöglich sogar Menschen – anfiel, dann wurde er von seinem Besitzer auf keinen Fall richtig behandelt. Für Sara stand fest: Wenn ein Hund für andere zur Gefahr wurde, dann mußte man etwas dagegen unternehmen.

Doch am nächsten Morgen waren alle Spuren verschwunden. In der Nacht hatte es stundenlang geregnet, und das Wasser hatte die Abdrücke der Pfoten weggewaschen.

Am Adlerhorst

„Kinder, macht euch fertig!" Berresen war bereit zum Aufbruch.

„Wir fahren jetzt zum Forstamt. Dort muß ich noch kurz mit dem Forstdirektor sprechen, und dann geht es zum Adlerhorst."

Sara und Sebastian schlüpften schnell in ihre Jakken. Am Abend zuvor hatten sie noch lange in dem Buch über Seeadler gelesen, und jetzt wollten sie diese großen, stolzen Vögel unbedingt einmal aus der Nähe sehen.

Das Forstamt lag am Ortsausgang der kleinen Stadt Eutin direkt gegenüber den weißen Kasernen der Bundeswehr.

Während ihr Vater in dem Forstamt verschwand, erkundeten Sara und Sebastian das etwas verwildert aussehende Gelände. Junge Bäumchen, Obstbäume, Stachelbeer- und Johannisbeerbüsche wuchsen wild durcheinander.

Bald kam Berresen wieder aus dem Forstamt. Er war in Begleitung eines jungen, rothaarigen Mannes, dessen Wangen von einem Drei-Tage-Bart bedeckt waren.

„Das ist Rolf Lodenhoff“, stellte Berresen ihn seinen Kindern vor. „Er ist Biologe und arbeitet beim Seeadlerschutz mit.“

Sie bestiegen einen grünen VW-Bus. Lodenhoff setzte sich ans Steuer und fuhr los.

„Wir haben ein ausgezeichnetes Verhältnis zur Bundeswehr, erklärte er, als sie an den Kasernen vorbeikamen. „Es gibt immer wieder Störungen durch Flugzeuge, die in die Sperrzone eindringen oder sie allzu niedrig überfliegen. Die Bewacher der Horste geben uns dann über Funk Bescheid. Daraufhin setzen wir uns mit der Bundeswehr in Verbindung, und die spricht dann mit den Piloten über Funk.“

Auf einer kurvenreichen Landstraße fuhren sie durch mehrere kleine Ortschaften und Wälder, bis Lodenhoff schließlich in einen Waldweg einbog. Schon nach wenigen Metern hielt er an, denn zwei Männer in graugrüner Jägerkleidung kamen ihnen entgegen. Der eine war hochgewachsen und schlank. Schlohweißes Haar lugte unter seinem Hut hervor. Er hatte ein gebräuntes Gesicht und auffallend helle blaue Augen. Sein Mund war schmal, und tiefe Kerben zogen sich von seinen Mundwinkeln bis zum Kinn. Sie gaben ihm ein hochmütiges Aussehen. Der Mann hielt einen Spazierstock in der Hand. Nur sehr knapp hob er ihn zum Gruß an.

Der andere Mann war klein und kräftig. Er blieb

einige Schritte hinter dem großen Mann stehen, senkte den Kopf und blickte unsicher zum Geländewagen hinüber.

Rolf Lodenhoff kurbelte das Fenster herunter. „Guten Morgen, Graf von Haitabach“, grüßte er, und sein Tonfall ließ erkennen, daß er eine gehörige Portion Respekt vor dem Herrn mit dem Spazierstock empfand. „Ein bißchen frische Luft schnappen?“

„Passen Sie auf, Lodenhoff!“ antwortete der Graf, ohne den Gruß zu erwidern. Seine Stimme klang hart und schneidend. „Es ist was im Gange! Und ich möchte nicht, daß meinen Adlern was passiert! Klar?“

„Ist klar“, nickte der Biologe. „Das möchte ich auch nicht. Ist Ihnen etwas aufgefallen?“

„Man hat mir zugetragen, daß jemand nach Eiern von Seeadlern gefragt und eine beachtliche Summe dafür geboten hat“, sagte der Graf. „Ich habe auch meinem Verwalter gesagt, daß er die Augen offenhalten soll.“ Mit einer knappen Kopfbewegung gab er zu verstehen, daß der Mann hinter ihm der Verwalter war.

„Noch ist es nicht soweit“, entgegnete Lodenhoff. „Die Adler haben noch keine Eier gelegt. Die Diebe müssen noch ein paar Tage warten.“

Der Graf gab keine Antwort, sondern verabschiedete sich, indem er sich wortlos an die Hutkrempe tippte. Lodenhoff kurbelte das Fenster hoch und fuhr weiter.

Plötzlich deutete er auf ein Schild am Wegesrand. Es war ein rundes Schild mit grünen Bäumen und einem dicken roten Balken davor und wies darauf hin, daß dieses Waldgebiet gesperrt war.

„Eigentlich müßte das Schild jedem auffallen“, bemerkte er. „Aber es gibt immer wieder Leute, die es übersehen oder einfach nicht beachten.“

„Glauben Sie wirklich, daß Diebe versuchen werden, Eier aus dem Adlerhorst zu stehlen?“ fragte Sara.

Lodenhoff schüttelte den Kopf. „Ich kann es mir eigentlich nicht vorstellen“, erwiderte er. „Und ich wüßte auch nicht, wie ein Dieb an den Horst herankommen sollte. Die Bäume sind mit einem Drahtverhau gesichert, und am Stamm ist ein Mikrofon versteckt. Wenn da tatsächlich jemand hinaufsteigt, hören wir es im Beobachtungswagen.“

Über einen Weg voller tiefer Schlaglöcher fuhren sie nun ein Stück in den Wald hinein.

„Wieso hat der Graf eigentlich von *seinen* Adlern gesprochen?“ fragte Sebastian. Der alte Mann hatte ihn beeindruckt. Die hohe Gestalt entsprach genau seinen Vorstellungen von einem Grafen. Seine hochmütige, abweisende Art hatte ihm allerdings nicht gefallen.

Lodenhoff lachte. „Nun, ihm gehört dieser Wald“, erklärte er. „So wie die anderen Landbesitzer hat auch er das Jagdrecht verpachtet, um damit Geld zu verdienen. Auf die Seeadler in seinem Revier ist er besonders stolz. Einige der anderen Waldbesitzer, bei denen es keine Seeadler gibt, sind allerdings sehr neidisch darauf.“

Die Fahrt ging nun weiter durch den Wald, bis sie schließlich an einem kleinen See anhielten. Am Ufer stand ein Wohnwagen, hinter dem ein großes, mit Laub getarntes Netz aufgespannt war. Als sie aus dem Auto stiegen, kamen ihnen eine blonde Frau und ein älterer Mann entgegen. Sie lächelten freundlich und machten einen sehr zurückhaltenden, beinahe schüchternen Eindruck.

„Das sind unsere Bewacher“, stellte Lodenhoff sie vor, „Herr und Frau von Ahlen. Sie lassen die Seeadler nicht aus den Augen. Auf einem Berichtsblatt notieren sie, was die Adler gerade tun.“

Sebastian gähnte, ohne sich die Hand vor den Mund zu halten. Dann blickte er Sara an, als sei er gerade aus dem Bett gestiegen und befinde sich noch im Halbschlaf. „Kannst du irgendwo Adler sehen?“ fragte er enttäuscht. „Ich nicht. Ich sehe nur einen Wohnwagen und Bäume und einen See.“

Berresen, der ein paar Worte mit Herrn und Frau von Ahlen gewechselt hatte, trat nun zu seinen Kindern. „Kommt mal mit“, forderte er sie auf.

Sara und Sebastian folgten ihm in das Vorzelt des Wohnwagens, in dem allerlei Vorräte abgestellt waren.

„Wo sind denn nun die Adler?“ fragte Sebastian seinen Vater ungeduldig.

Berresen deutete auf ein Spektiv, ein sehr langes Fernglas, durch das man nur mit einem Auge hindurchsehen konnte. Es war an einem der Fenster des Wohnwagens aufgebaut und ragte durch ein Loch zum Fenster hinaus. Vor dem Spektiv standen ein Pult mit allerlei Papieren darauf und eine gepolsterte Sitzbank. Auf Berichtsbögen war im Abstand von 15 Minuten festgehalten worden, welche Beobachtungen die Bewacher bei den Adlern gemacht hatten.

„Schau mal da durch“, forderte Berresen seinen Sohn auf.

„Darf ich das denn einfach so?“ fragte Sebastian.

Rolf Lodenhoff, der nun auch das Zelt betreten hatte, tippte ihm aufmunternd gegen die Schulter. „Natürlich“, sagte er. „Sonst hätte ich euch gar nicht mitgenommen.“

Das ließ Sebastian sich nicht zweimal sagen. Er setzte sich auf die Bank und beugte sich vor, um durch das Spektiv sehen zu können. Es war genau auf einen riesigen Adlerhorst gerichtet. Er bestand

aus einem Gewirr von übereinander geschichteten Ästen und Zweigen.

Nun strich ein Adler mit ausgebreiteten Schwingen heran und ließ sich kräftig rudernd auf dem Horst nieder. Der Vogel trug einen Zweig im Schnabel und begann sogleich damit, ihn im Horst zu verbauen.

„Laß mich auch mal sehen, Basti!“ sagte Sara ungeduldig.

„Gleich“, versuchte er sie abzuwehren.

„Nur einen kurzen Blick!“

„Da ist ein Adler“, berichtete er atemlos. „Er hat einen Zweig gebracht und ins Nest gesteckt.“

Widerwillig machte er seiner Schwester Platz. Jetzt sah auch Sara, wie der Adler sich emsig mit dem Bau des Horstes beschäftigte.

Lodenhoff lachte. „Laß bloß niemanden hören, daß du Nest gesagt hast“, meinte er zu Sebastian. „Bei Adlern spricht man von einem Horst“.

Verlegen kratzte Sebastian sich am Kopf. „Na ja“, erwiderte er. „Es ist mir nur so rausgerutscht.“

„Jetzt kommt noch einer!“ rief Sara aufgeregt, ohne das Auge vom Spektiv zu lassen. „Er hat Grasbüschel im Schnabel.“

„In ein paar Tagen legen sie ihre Eier“, erklärte Lodenhoff. „Was du da siehst, ist das Männchen. Das Weibchen bleibt am Horst, um die Mulde für die Eier zu bauen.“

Auf Beobachtungsposten

Sara beobachtete, wie der männliche Adler zu einer nahen Fichte hinüberstrich und sich auf einen Zweig setzte. Er flatterte heftig mit den Flügeln. Dann verlor er offenbar das Gleichgewicht und hing plötzlich mit dem Kopf nach unten an dem Ast. Er ließ jedoch nicht los, sondern schlug wild mit den Flügeln, bis der Zweig plötzlich abbrach. Dann verschwand der große Raubvogel aus dem Sichtfeld des Spektivs. Sara glaubte schon, Zeuge eines schwerwiegenden Unfalls geworden zu sein, doch da tauchte der Adler wieder auf und trug den eroberten Zweig zum Horst.

Aufgeregt berichtete sie Sebastian und ihrem Vater, was sie gesehen hatte.

Nun war Sebastian wieder mit Schauen an der Reihe. Er beobachtete, wie das Männchen mit einem weiteren Fichtenzweig kam.

„Die Adler dürfen nicht gestört werden“, erklärte Lodenhoff. „Bis zur Eiablage sind es nur noch wenige Tage. Das verrät uns das Verhalten der Vögel, besonders das Begrünen des Horstes. Sobald sie damit aufhören, dauert es nicht mehr lange, bis das Weibchen die Eier ablegt. Meistens sind es zwei.“

Sebastian räumte seinen Platz, um seinen Vater ans Spektiv zu lassen. Jetzt wollte der Junge plötzlich alles mögliche über Seeadler erfahren. Doch Lodenhoff hatte keine Zeit für ihn: Er mußte das mitgebrachte Trinkwasser und einige Lebensmittel ausladen und ins Vorzelt des Wohnwagens bringen. Außerdem gab es einiges mit den Bewachern der Adler zu besprechen: Herr von Ahlen hatte versehentlich die Frequenzen des Sprechfunkgeräts verstellt, und seine Frau hatte Probleme mit dem Türschloß des Wohnwagens.

„Hättest du mehr gelesen, wüßtest du jetzt Bescheid“, flüsterte Sara ihrem Bruder zu. Sie konnte es kaum erwarten, bis sie wieder ans Spektiv durfte.

Sebastian blickte zum Fenster hinaus. Da die Bäume noch keine Blätter hatten, die ihm die Sicht versperrten, konnte er den Horst auch mit bloßen Augen erkennen. Er war ungefähr fünfhundert Meter von ihnen entfernt.

Sebastian staunte: Durch das Spektiv hatte es so ausgesehen, als sei der Horst unmittelbar vor ihnen! „Warum sind wir so weit weg vom Horst?“ fragte er seinen Vater. „Könnte man die Adler nicht viel besser beobachten und bewachen, wenn der Wohnwagen näher am Horst stehen würde?“

„Eben nicht“, erwiderte Berresen. „Das macht es ja gerade so schwierig, die Seeadler zu schützen. Sie sind sehr scheu, und wenn man sich ihnen auf mehr als fünfhundert bis tausend Meter nähert, streichen sie ab."

„Tausend Meter?" Sebastian schüttelte verwundert den Kopf. „Aber hier sind doch überall Dörfer. Außerdem arbeiten Bauern auf den Feldern, und im Wald sind Waldarbeiter." Er hörte, wie in der Ferne ein Hubschrauber vorbeiflog und deutete nach oben. „Und was ist damit?"

Lodenhoff hatte die Frage gehört. „Das ist bestimmt ein Hubschrauber vom Rettungsdienst der Bundeswehr", erwiderte er. „Wenn sie Menschenleben retten müssen, dann geht es manchmal um Minuten. Dann haben sie keine Zeit, weite Umwege zu fliegen. Zum Glück kommt es nur selten vor, daß sie in die Nähe der Horste geraten."

„Aber wenn die Beobachter so weit weg sind vom Horst, wie können sie dann merken, wenn sich jemand dem Baum mit dem Horst nähert?" Sebastian hatte Fragen über Fragen.

„Ich sagte doch, daß wir einen Drahtverhau um den Baum errichtet haben", erklärte der Biologe geduldig. „Wer ihn überwinden will, verursacht ziemlich viel Lärm. Außerdem fangen die Adler an zu schreien. Wenn sie gestört werden, stoßen sie ein kurzes ‚Ga-ga-ga' aus. Und am Baum ist ein Mikrofon befestigt, das mit dem Funkgerät im Wohnwagen verbunden ist. Die Bewacher hören also, wenn sich jemand dem Horst nähert. Sie verständigen dann das Forstamt in Eutin. Ein Forstbeamter kommt und bringt die Polizei gleich mit, und dann kann es sehr teuer für den Störenfried werden."

Sebastian erinnerte sich daran, daß er und Sara dieses „Ga-ga-ga" kurz vor dem Schuß auf den Seeadler gehört hatten. Er wollte noch mehr fragen, doch Berresen schob ihn zum Spektiv.

„Beobachte lieber", empfahl er. „Später kannst du dann in Büchern herumstöbern und alles nachlesen, was du wissen möchtest."

„Lesen", stöhnte Sebastian. „Wozu denn, wenn Herr Lodenhoff mir alles erklären kann? Und du weißt ja auch alles."

„Weil wir noch ein bißchen mehr zu tun haben, als deine Fragen zu beantworten", lächelte Berresen. „Vergiß nicht, du bist als Gast hier und leider nicht die Hauptperson."

„Ich wußte es doch", murmelte Sebastian, als er sich wieder hinter das Spektiv setzte. „Sie wollen mich zum Lesen zwingen." Aber er machte nur Spaß. Eigentlich las er gar nicht so ungern – wenn es nicht gerade Schulbücher waren.

„Die Adler sind ja beringt", rief er, als er wieder durch das Spektiv guckte. „Wie geht das denn? Und was haben die Farben zu bedeuten?"

„Welche Farbe haben denn die Ringe?“ fragte Lodenhoff.

„Am rechten Fuß sind sie orange“, erwiderte Sebastian. „Und am linken blau-weiß.“

„Du hast gute Augen“, lobte der Biologe. „Allerdings spricht man beim Adler nicht vom Fuß, sondern vom Fang, aber das ist nicht so wichtig. Orange am rechten Fang bedeutet, daß der Adler in Deutschland geschlüpft ist, also hier in der Gegend. Blau-weiß sagt uns, daß er im Jahr 1986 geschlüpft ist.“

„Aber wie kann man die Adler beringen?“ wollte Sara wissen. „Die fliegen doch weg!“

„Das geschieht, wenn sie jung und noch nicht ganz flügge sind. Dann steigt jemand von uns auf den Baum und bringt die Ringe an.“

„Und die Alten?

„Die fliegen weg, kommen aber nach einer gewissen Zeit wieder. Und weil die Jungvögel dann schon recht kräftig sind, macht es nichts aus, wenn sie mal eine Stunde allein sind.“

„Und wer steigt auf den Baum?“ wollte Sebastian wissen.

„Entweder jemand vom Forstamt oder jemand vom Seeadlerschutz des WWF, einer großen Tierschutzorganisation.“ Lodenhoff lachte. „Aber nun reicht es! Ich habe noch viel mit den Bewachern zu besprechen. Jetzt kommen aufregende Tage. Sobald die Adler ihre Eier abgelegt haben und mit dem Brüten anfangen, beginnt nämlich die sogenannte heiße Phase. Dann darf es auf keinen Fall Störungen geben." Er wandte sich wieder den Bewachern zu.

Herr und Frau von Ahlen berichteten von einem Angler, der so früh im Jahr schon sein Glück am See versuchen wollte und von ihnen weggeschickt worden war. Und an einem größeren See in der Nähe waren Windsurfer aufgetaucht. Sie wären ganz sicher zu nah an den Adlerhorst herangekommen, wenn sie nicht rechtzeitig entdeckt und aus dem Revier verwiesen worden wären.

„Stört denn der Wohnwagen die Adler nicht?" fragte Sara den Vater.

„Nein, beruhigte er sie. „Der Wohnwagen wird schon im Januar aufgestellt, wenn die Seeadler noch gar nicht zu ihrem Horst zurückgekehrt sind. Wenn sie dann kommen, ist der Wohnwagen für sie einfach ein Teil der Landschaft."

Abwechselnd beobachteten Sara und Sebastian den Horst mit den Adlern. Viel zu schnell verging ihnen die Zeit. Als der Vater zum Aufbruch mahnte, hatten sie das Gefühl, gerade erst angekommen zu sein.

„Vielleicht kommen wir in ein paar Tagen wieder her", tröstete Berresen die Kinder. „Wenn die Adler

Eier gelegt haben, wird es noch interessanter."
„Wegen der Eierdiebe?" fragte Sebastian sofort.
„Sicher", erwiderte Berresen. „Und zu den Eierdieben zählen auch Krähen und Bussarde. Sie werden von den Adlern vertrieben, wenn sie in die Nähe des Horstes kommen. Es kann also sehr spannend werden, den Horst dann zu beobachten."

4 4475-8

Ist der Graf reich?

Am nächsten Morgen brach Alfred Berresen schon sehr früh auf, um Fotos im Schutzgebiet zu machen. Sara und Sebastian dagegen schliefen lange, und als sie nach dem Frühstück nach draußen gingen, stand die Sonne schon hoch am Himmel. Es war ein ungewöhnlich warmer Tag, wie geschaffen für einen langen Ausflug mit dem Fahrrad.

Die beiden brauchten nicht lange zu überlegen. Sie holten ihre Fahrräder aus dem Schuppen und fuhren los. Senta folgte ihnen bellend bis zur Pforte, blieb dann aber gehorsam zurück, um das Haus zu bewachen.

Sie radelten erst zur Ostsee, dann ein Stück am Strand entlang und schließlich landeinwärts. Als sie auf einer schmalen Straße durch einen Wald fuhren, raschelte es in einer Tannenschonung. Unwillkürlich bremsten sie: Nur etwa fünfzig Meter vor ihnen brachen plötzlich Damhirsche aus den Tannen hervor, überquerten die Straße und verschwanden im Mischwald auf der anderen Seite. Staunend beobachteten Sara und Sebastian, wie immer mehr Hirsche über die Straße liefen. Einige Tiere trabten, andere

sprangen in weiten Sätzen, als hätten sie es besonders eilig.

„Das gibt es doch nicht!“ rief Sebastian, als auch die letzten Nachzügler auf der anderen Seite waren. „Ich habe mitgezählt. Es waren genau siebzig Stück!“

„Ich glaube, es waren noch mehr“, meinte Sara. „Wahnsinnig! So viele Hirsche auf einmal, und das hier in dieser Gegend. Ich wußte gar nicht, daß es hier Damwild gibt.“

Plötzlich kehrten die Hirsche zurück. Irgend etwas mußte sie im Mischwald verschreckt haben. Wie gehetzt überquerten sie die Straße und flüchteten in die Tannenschonung.

Langsam schoben Sara und Sebastian ihre Räder bis zu der Stelle, wo die Hirsche aus dem Mischwald gekommen waren.

Plötzlich blieb Sara wie angewurzelt stehen. „Sieh mal, wer da ist“, flüsterte sie und deutete in den Wald. In einiger Entfernung kam ein Mann aus einer Senke zwischen den Bäumen hervor und ging auf die Straße zu. Noch hatte er die beiden Kinder nicht bemerkt, denn er hielt den Kopf gesenkt und blickte auf den Waldboden, so als suche er etwas. Erst als er näher kam, hob er den Kopf und sah sie. Rasch legte er seine Hände hinter den Rücken, als ob er etwas zu verbergen hätte. Nicht weit von ihnen entfernt blieb er stehen und blickte sie von unten herauf unsicher an.

Es war der Verwalter des Grafen.

„Los, wir hauen ab“, zischte Sebastian. „Der Kerl ist mir unheimlich.“

Sie nickten dem Mann grüßend zu und bestiegen ihre Räder. Der Verwalter hob den rechten Arm, als wollte er sie aufhalten. Er hatte eine kurze Gerte in der Hand, wie sie Reiter manchmal benutzen.

„Puh!“ machte Sara erleichtert, als der Verwalter außer Sichtweite war. „Der ist mir aber gar nicht geheuer. Ich bin froh, daß wir Räder haben und er uns nicht einholen kann.“

„Ich glaub, mit dem stimmt was nicht“, rief Sebastian. „Hast du gesehen, wie er die Hände hinter seinem Rücken versteckt hat? Ich wette, der hat irgendwas ausgefressen. Oder vielleicht hat er was gefunden, was wir nicht sehen sollten...“

Dann schoß ihm plötzlich ein Gedanke durch den Kopf: „Du, ob der vielleicht Vogeleier aus den Nestern geholt hat? Vielleicht die Eier von Seeadlern?“

„Du siehst Gespenster!“ Sara lachte, aber dann wurde sie plötzlich nachdenklich.

„Könnte doch sein“, beharrte Sebastian. „Vielleicht will er sie verkaufen, und der Graf weiß nichts davon. Oder er macht es sogar im Auftrag des Grafen!“

Ihr Vater hob abwehrend beide Hände, als sie ihm

abends von ihrem Verdacht erzählten. „Erstens ist glücklicherweise noch kein Horst geplündert worden“, sagte er. „Und zweitens muß der Mann noch lange nichts auf dem Kerbholz haben, nur weil er allein im Wald umherläuft und seine Hände vor euch versteckt.“

„Nein, noch ist kein Horst geplündert worden. Die Adler haben ihre Eier ja noch nicht gelegt. Aber es ist auf einen Adler geschossen worden“, sagte Sebastian trotzig. Er war froh, daß sie zumindest einen Verdächtigen hatten. „Wieso benimmt der Verwalter sich so eigenartig? Und weshalb hat er eine Gerte dabei, aber kein Pferd?“

„Laßt das Detektivspiel“, bat Berresen seine Kinder. „Es ist nicht eure Aufgabe, jemanden zu finden, der gegen die Naturschutzgesetze verstößt.“

Darauf fiel den Kindern keine Antwort ein. Um von etwas anderem zu reden, berichtete Sara von dem Damwild, das sie gesehen hatten. „Ich hätte nicht gedacht, daß es hier so viele Hirsche gibt“, meinte sie.

Dankbar nahm Alfred Berresen das Thema auf. „Das ist ein Problem“, entgegnete er. „Die Waldbesitzer verdienen zu wenig mit dem Holz. Außerdem haben die Stürme in den letzten Jahren viele Bäume umgeknickt. Die Folge ist, daß noch mehr Holz angeboten wird als sonst, und dadurch fallen die Preise weiter. Und so sind einige Waldbesitzer auf den Gedanken gekommen, den Wildbestand zu erhöhen."

„Warum das denn?" fragte Sebastian. „Bringt das Geld ein?"

„Genau! Die Pacht für die Jagdreviere wird nach oben gesetzt, und die Waldbesitzer lassen für Geld auch Hobbyjäger in ihre Reviere. Und damit die ordentlich was zum Schießen haben, muß viel Wild vorhanden sein." Er hielt nachdenklich einen Moment inne und fuhr dann fort: „Ich habe schon Damwildrudel mit über hundertzwanzig Tieren gesehen. Aber so viel Wild schadet dem Wald."

„Ich weiß", warf Sara eifrig ein. „Das Wild muß ja auch fressen. Und im Wald hat es nur das Unterholz."

„Richtig", lobte Berresen sie. „Das Wild frißt die nachwachsenden, jungen Bäumchen. Und wenn du dich mal genauer in den Wäldern hier umsiehst, wird dir auffallen, daß es zum Teil überhaupt kein Unterholz mehr gibt. Es ist dem viel zu hohen Wildbestand zum Opfer gefallen."

Die Geschwister schwiegen nachdenklich. Dann fragte Sebastian plötzlich: „Ist der Graf eigentlich reich?"

Sara und sein Vater sahen ihn erstaunt an. Wieso kam er denn ausgerechnet jetzt auf diese Frage?

„Grafen sind immer reich“, sagte Sara.

Berresen lachte. „Das ist nicht richtig, Kind“, widersprach er. „Auch Graf von Haitabach ist trotz der Wälder, die ihm gehören, nicht gerade reich.“

„Dann könnte es doch sein, daß er Geld braucht“, fuhr Sebastian fort. „Vielleicht beschafft er es sich dadurch, daß er die Eier von aussterbenden oder seltenen Vögeln verkauft?“

Berresen erhob sich. „Nein, Kinder“, sagte er energisch. „Ich glaube nicht, daß der Graf eine Gefahr für die Seeadler ist. Schließlich lassen sie sich in seinem Revier nieder, und darauf ist er sehr stolz.“

Er erhob sich und ging in die Küche. „Und jetzt tut mir einen Gefallen“, rief er durch die offene Tür. „Helft mit beim Abendbrot!“

Sara beugte sich zu Sebastian. „Nehmen wir mal an, der Graf ist knapp bei Kasse“, flüsterte sie. „Und da kommt er auf den Gedanken, Seeadlereier aus den Horsten von anderen Waldbesitzern zu klauen. Natürlich nicht aus seinem eigenen Horst.“

„Mensch“, flüsterte Sebastian anerkennend zurück. „Das könnte sein! Aber natürlich macht er es nicht selbst. Sein Verwalter muß auf die Bäume klettern.“

„Genau! Und irgendwann ist er dann der einzige, der Seeadler in seinem Jagdrevier hat. Und dann kann er um so mehr Pacht verlangen.“

„Und weil es dann sonst nirgendwo mehr Seeadler

gibt, wird für die Eier noch mehr Geld bezahlt", fügte Sebastian hinzu. In seinen Augen blitzte es triumphierend auf. „Wir haben ihn durchschaut!"

Störenfriede

Nachdem Sara und Sebastian nun einmal den Verdacht hatten, daß Eierdiebe die Seeadler bedrohten, wollten sie mehr herausfinden. Und nach Möglichkeit verhindern, daß die Diebe Erfolg hatten.

Kaum hatte ihr Vater am nächsten Morgen das Haus verlassen, schwangen sie sich auf ihre Räder und fuhren in die Nähe des Horstes, den sie bereits kannten. Am Sperrschild machten sie Halt.

„Hier dürfen wir nicht weiter", sagte Sebastian. Ratsuchend blickte er seine Schwester an. Er gab neidlos zu, daß sie oft die besseren Ideen hatte. „Und nun?"

Sara wickelte eine blonde Strähne um ihren Finger und zupfte leicht daran, so als könne sie damit ihren Gedanken auf die Sprünge helfen. „Das Sperrgebiet betreten wir nicht", entschied sie. „Auf keinen Fall."

Sie hob eine achtlos weggeworfene Bierdose auf und klemmte sie auf den Gepäckträger, um sie später in einen Abfallkorb zu werfen. „Ich schlage vor, daß wir einmal rund um das Sperrgebiet fahren", meinte sie dann. „Wenn jemand die Adler stören oder die Eier klauen will, dann schleicht er sich ganz bestimmt nicht von dieser Seite an, weil hier die Bewacher sind."

„Richtig", stimmte Sebastian zu. „Er wird es auf der anderen Seite des Horstes versuchen, möglichst weit von den Bewachern entfernt."

„Genau! Und da sehen wir mal nach."

Wenig später hatten sie ein einmaliges Erlebnis. Sie hatten auf einem stillen Waldweg angehalten und blickten auf einen weiten See hinaus. Etwa hundert Meter von ihnen entfernt schwebte ein dunkler Schatten über die Bäume und dann auf den spiegelnden See.

Ein Seeadler!

Mit weit ausgebreiteten Schwingen segelte er auf das Wasser hinab. Plötzlich legte er die Flügel an und streckte seine Fänge aus. Wasser spritzte auf, und dann kämpfte sich der Adler mit mächtig rudernden Schwingen wieder nach oben. In seinen Fängen zappelte ein großer Fisch!

Sekundenlang schien es, als habe der Vogel sich verschätzt und könne mit dem schweren Fisch nicht fliegen. Dann jedoch stieg er rasch auf und flog davon.

„Irre!" sagte Sebastian. „Ich dachte, er schafft es nicht."

Plötzlich war der Adler wieder zu sehen. Er wirkte unruhig, ruderte kräftig mit den Schwingen, und es schien, als wüßte er nicht so recht, wo er hinfliegen sollte.

Sara und Sebastian konnten sich sein Verhalten erst erklären, als ein kleines, rotes Modellflugzeug über den Bäumen erschien. Es folgte dem Seeadler. Mit laut surrendem Motor stieg es höher und höher und kam dem Vogel immer näher.

Der Seeadler ließ den Fisch fallen, legte sich überraschend auf die Seite und segelte mit ausgebreiteten Schwingen in die Tiefe. Dann entschwand er wieder Saras und Sebastians Blicken.

Das Flugzeug wendete in großem Bogen und flog dem Adler hinterher. Brummend verschwand es hinter den Bäumen.

„Hast du das gesehen?" rief Sebastian empört. „Diese Idioten haben den Adler gejagt. Sie haben ihn regelrecht verfolgt!"

„Komm", drängte Sara. „Wir müssen herausfinden, wer das war."

Sie stiegen auf ihre Räder und fuhren den Weg entlang. Zu ihrem Leidwesen kamen sie jedoch nur langsam voran, denn der Boden war vom Regen durchweicht.

Als sie schließlich auf einem Hügel angelangt waren, sahen sie zwischen den Bäumen einen grauen Geländewagen. Ritschie und das Mädchen, die vor einigen Tagen an dem See das Boot repariert hatten, stiegen gerade ein. Ein Mann war dabei, etwas in das Auto zu laden. Was es war, konnten Sara und Sebastian nicht erkennen.

Nun drehte sich der Mann um.

„Schnell! Runter!“ zischte Sebastian.

Sie warfen ihre Fahrräder auf den Boden und duckten sich.

„Es ist der Verwalter“, sagte Sara leise.

„Verdammt! Sie haben den Adler mit dem Flugzeug gejagt“, flüsterte Sebastian. „Bestimmt wollen sie ihn aus dieser Gegend vertreiben.“

Erschrocken blickte er zu dem Geländewagen hinunter. Der Verwalter stand neben der geöffneten Fahrertür und sah sich suchend um. Dabei hielt er den Kopf leicht gesenkt und blickte von unten hoch, als habe er eine unsichtbare Last im Nacken. Nun stieß er einen scharfen Pfiff aus, und ein großer, schwarzer Hund brach durch das Unterholz.

Der Mastino!

Hechelnd verharrte der Kampfhund neben dem Geländewagen, während der Verwalter ihm ganz leicht die Gerte über den Hals legte.

„Schnell weg!“ Sebastian war blaß geworden. „Schnell! Aber leise! Sie dürfen uns nicht hören.“

Mühsam die Fahrräder hinter sich her ziehend, krochen die beiden ein Stückchen zurück, richteten sich dann halb auf und hasteten den Weg entlang.

„Der verrückte Verwalter bringt es fertig und hetzt den Hund auf uns“, keuchte Sebastian. „Hast du gesehen, wie er den Mastino mit der Gerte gehalten hat? Ich wette, er braucht ihn nur damit anzutippen, und das Biest greift uns an.“

„Ich habe mich noch nie vor einem Hund gefürchtet“, erwiderte Sara. „Aber vor diesem Mastino habe ich Angst.“ Der Schreck war ihr so in die Glieder gefahren, daß sogar ihre Lippen weiß waren.

Hinter sich hörten sie das Aufheulen eines Motors.

„Sie holen uns ein, wenn wir auf dem Weg bleiben“, rief Sebastian. „Schnell! Wir schlagen uns seitwärts in die Büsche.“

Sie schoben ihre Räder am Ufer eines kleinen Baches entlang durch das raschelnde, braune Laub, bis sie zu einem umgestürzten Baumstamm kamen. Sie versteckten ihre Räder dahinter und kauerten sich auf den Boden.

„Man kann unsere Spur sehen!“ sagte Sebastian plötzlich entsetzt. „Die Blätter sind ganz aufgewühlt.“ Aber es war bereits zu spät.

Mit dröhnendem Motor rollte der Geländewagen über den Waldweg. Sara und Sebastian zogen die Köpfe ein und drückten sich fest gegen den Waldboden. Mit klopfendem Herzen lauschten sie.

Wurde der Wagen langsamer? Würde der Fahrer anhalten?

Für einen Moment schien es so, aber dann fuhr das Auto an ihnen vorbei.

Sie hörten, wie es die Asphaltstraße erreichte und dort schneller wurde. Allmählich verklang das Motorgeräusch in der Ferne.

Sebastian erhob sich und setzte sich auf den Baumstamm. „Mein lieber Schwan", stöhnte er. „Jetzt hab ich aber ganz schön Muffensausen gehabt."

Sara faßte sich schneller als er. „Die sind vielleicht gemein!" sagte sie empört. Sie stand auf, klopfte sich den Schmutz von den Jeans und hob ihr Fahrrad auf. „Jetzt wissen wir Bescheid: Sie stören die Adler. Sie wollen nicht, daß die Eier ausgebrütet werden. Ich wette, daß sie vorhaben, einen Horst zu plündern."

Auch Sebastian hob sein Rad auf. „Ich möchte nur wissen, wer Ritschie und das Mädchen sind."

„Die Kinder des Grafen", sagte Sara wie aus der Pistole geschossen.

Zweifelnd schüttelte Sebastian den Kopf. „Kann ich mir nicht vorstellen. Dazu ist der Graf zu alt. Ihr Vater müßte ungefähr so alt sein wie Papi."

„Du hast recht" erwiderte Sara. „Dann ist der Graf vielleicht ihr Opa."

Sebastian bestieg sein Fahrrad. „Das hört sich schon besser an. Aber jetzt laß uns verschwinden", schlug er vor. „Ich glaube zwar nicht, daß sie zurückkommen, aber ich fühle mich trotzdem nicht wohl hier.“

Als sie die Asphaltstraße erreicht hatten und ein kurzes Stück gefahren waren, kam ihnen ein Streifenwagen der Polizei entgegen. Er bog in den Waldweg ein, aus dem sie gerade gekommen waren. Unmittelbar darauf folgte ein Wagen des Forstamtes.

„Im Forstwagen war Herr Lodenhoff“, rief Sebastian. „Komm, wir fahren hinterher und sagen ihm, was wir gesehen haben.“

Sie wendeten und lenkten ihre Räder wieder in den Waldweg. Ganz bestimmt konnten sie dem Biologen wichtige Hinweise geben. Doch sie wurden enttäuscht: Die beiden Fahrzeuge hatten einen großen Vorsprung, und Sara und Sebastian konnten sie nicht mehr einholen.

Bis zum Forstamt war es zu weit. Deshalb kehrten sie zum Ferienhaus zurück und warteten dort auf ihren Vater. Ihm wollten sie erzählen, was sie beobachtet hatten.

Doch als Alfred Berresen kam, wollte er erst einmal selbst eine Neuigkeit loswerden.

„Wir haben den Übeltäter!“ rief er schon, als er aus dem Auto stieg und Senta begrüßte. „Den Fotografen meine ich. Er hatte sich in einer Tannenschonung versteckt. Jetzt wird er unsere Zunft nicht mehr länger in Verruf bringen. Und ich habe alle Fotos gemacht, die der IFAW von mir haben will. Damit ist mein Auftrag erledigt. Wir reisen ab." Sichtlich zufrieden zwirbelte er seine Bartspitzen nach oben.

„Aber das geht nicht!" riefen Sara und Sebastian wie aus einem Munde. Aufgeregt erzählten sie ihm von ihrer Beobachtung. Doch auch damit konnten sie ihren Vater nicht mehr umstimmen.

„Tut mir leid", erwiderte er, nachdem er sich alles angehört hatte. „Ich würde ja selbst gern wissen, was hier gespielt wird. Aber ich habe schon den nächsten dringenden Auftrag vom IFAW erhalten, und das bedeutet, daß wir noch heute abreisen müssen."

„Aber ich bin ganz sicher, daß der Verwalter das Modellflugzeug ins Auto gelegt hat", sagte Sebastian. „Die Polizei muß..."

„Hast du es wirklich gesehen", unterbrach Berresen ihn, „oder glaubst du nur, daß es so war?"

„Na ja", mußte Sebastian zugeben. „Gesehen habe ich es nicht direkt. Aber das Flugzeug ist genau dorthin geflogen, wo der Geländewagen stand. Das, was er ins Auto geladen hat, muß das Flugzeug gewesen sein."

„Tja, Kinder", meinte Berresen bedauernd, „ich glaube euch eure Geschichte ja. Aber leider wird die Polizei aufgrund solcher Aussagen nichts unterneh-

5 4475-8

men. Es gibt einfach keine ausreichenden Beweise. Es tut mir wirklich leid, aber wir reisen ab."

Sebastian und Sara waren maßlos enttäuscht. Sie waren fest davon überzeugt, daß jemand versuchen würde, Eier aus einem Adlerhorst zu stehlen. Und der Verwalter und die beiden Kinder hatten ganz bestimmt etwas damit zu tun. Doch von ihrem Zuhause in der Großstadt aus konnten sie nichts unternehmen. Dort waren sie viel zu weit weg von den Horsten der Adler.

Sara und Sebastian sollten mit ihrem Verdacht recht behalten: Eine Woche später berichtete ihr Vater, daß es einem Unbekannten trotz aller Vorsichtsmaßnahmen gelungen war, zwei Eier aus einem Horst zu stehlen.

„Es waren Ritschie, seine Schwester und der Verwalter des Grafen", sagte Sebastian traurig, als er die schlimme Nachricht gehört hatte. Er saß mit Sara am Küchentisch. „Es ist so gemein, daß sie so was tun konnten und auch noch ungestraft davonkommen!" fügte er aufgebracht hinzu.

Dann kam Berresen zu den Kindern in die Küche. „Fast hätte ich es vergessen: Ich habe mich erkundigt. Der Sohn des Grafen von Haitabach ist fünfunddreißig Jahre alt. Er ist verheiratet, hat aber keine Kinder."

„Und wer sind Ritschie und dieses Mädchen?“ entfuhr es Sara.

Berresen blickte sie ernst an. „Das möchte ich auch gern wissen! Die Kinder oder die Enkelkinder des Grafen sind sie jedenfalls nicht!“

Vogelschutz im Nationalpark

„Morgen fahren wir an die Nordsee“, eröffnete Berresen seinen Kindern Monate später. Die Sommerferien hatten gerade begonnen.

„Wir?“ fragte Sebastian. „Müssen wir denn mit?“

„Ich wollte morgen mit Kati und Petra zum Baden fahren“, sagte Sara enttäuscht.

Berresen strich langsam seine Bartspitzen nach oben.

„Und ich bin morgen mit Freunden an der Frittenbude verabredet“, nörgelte Sebastian. „Christian spendiert eine Runde Pommes rot-weiß. Da muß ich einfach dabeisein.“

Aber Berresen ließ sich nicht erweichen. „Ich bleibe drei, vielleicht sogar vier Tage weg“, erklärte er. „So lange lasse ich euch nicht allein. Ihr kommt mit. Ich soll für den IFAW Fotos von den Vögeln machen, die auf der Insel Norderoog-Sand nisten. Sie liegt weit draußen im Nationalpark Wattenmeer und ist Naturschutzgebiet. Eigentlich darf sie nicht betreten werden, aber ich habe eine Genehmigung vom *Verein Jordsand.* Das ist ein Verein zum Schutz der Seevögel und der Natur.“

Berresen hatte gehofft, seine Kinder neugierig zu machen, aber Sebastian gab noch nicht auf.

„Drei Tage sind doch nicht viel!“ meinte er. „Die können wir leicht alleine sein.“

„Uns passiert bestimmt nichts, Papi“, unterstützte Sara ihren Bruder. Bittend blickte sie Berresen an. Aber auch das half nichts.

„Es geht nicht darum, daß euch nichts passiert“, belehrte er sie, „sondern darum, daß ihr nichts anstellt. Und deshalb kommt ihr mit. Morgen um halb sechs brechen wir auf!“

„So früh?“ stöhnte Sebastian. „Das ist ja noch mitten in der Nacht!“

„Es muß sein. Wenn wir zu spät kommen, ist die Fähre weg. Und Uwe Schneider, der Geschäftsführer vom *Verein Jordsand,* wartet nicht auf uns.“

„Was?“ Sebastian verzog das Gesicht. „Ein Geschäftsführer kommt auch mit?“ Unter einem Geschäftsführer stellte er sich einen gestrengen Herrn vor, der ihnen alles verbieten würde.

Berresen lächelte geheimnisvoll. „Ihr werdet schon sehen! Morgen lernt ihr Herrn Schneider kennen. Wir treffen ihn in Husum.“

Als Alfred Berresen am nächsten Morgen mit seinen Kindern aufbrach, war es gerade hell geworden. Sara und Sebastian waren noch müde und schliefen während der langen Fahrt im Auto. Sie wurden erst richtig wach, als sie die Stadt Husum an der Nordseeküste erreichten. Hier wartete Herr Schneider bereits auf sie.

Uwe Schneider war ein weißhaariger, sehr ruhig wirkender Mann. Sara und Sebastian faßten sofort Vertrauen zu ihm. Er war ganz und gar nicht das, was sie sich unter einem Geschäftsführer vorgestellt hatten, im Gegenteil: Er sah ganz so aus, als ob er noch eher Lausbubenstreiche mit ihnen aushecken würde, als ihnen Verhaltensmaßregeln zu erteilen. Trotzdem würden sie natürlich alle seine Anweisungen befolgen.

Schneider war in Begleitung einer jungen, energisch aussehenden Frau, die er als seine Assistentin Elke vorstellte. Sie war schweigsam, hatte aber für jeden ein freundliches Lächeln.

In Uwe Schneiders grünem VW-Bus ging die Fahrt nun weiter, über einen künstlich angelegten Damm hinüber auf die Insel Nordstrand. Dort hielten sie vor einer Bäckerei.

„Proviant fassen", verkündete Uwe Schneider und stieg aus. „Wir kaufen uns ein paar Kuchen und Brötchen, damit wir auf der Fähre was zu futtern haben."

Vor ihnen parkte ein grauer Geländewagen mit einem Anhänger, auf dem ein Motorboot stand. Der Wagen war so ungünstig geparkt, daß kein anderes

Auto an ihm vorbeifahren konnte.

Als sie die Bäckerei betraten, kam ihnen ein kleiner Mann entgegen. In seinem Mundwinkel hing eine Zigarette. Er hielt den Kopf gesenkt und blickte auch nicht auf, als er an ihnen vorbeiging. Sara und Sebastian erkannten ihn sofort: Es war der Verwalter des Grafen!

Durch die Schaufensterscheibe beobachteten sie, wie er zum Geländewagen ging und überprüfte, ob das Motorboot richtig auf dem Anhänger befestigt war.

Ein schwarzer Mercedes mit abgedunkelten Scheiben hielt hinter ihm, und der Fahrer forderte ihn hupend auf, die Straße frei zu machen.

Doch dann geschah etwas Seltsames.

Die Scheibe des Luxuswagens glitt ein Stück nach unten, und eine kleine, braune Hand schob sich durch den Spalt. An ihrem Handgelenk blitzte ein goldenes Armband. Sie winkte dem Verwalter zu, als wolle sie ihm zu verstehen geben, daß der Fahrer nur versehentlich auf die Hupe gekommen war. Der Verwalter nickte, stieg in den Geländewagen und fuhr davon. Der Mercedes folgte ihm.

„Hast du auf die Autonummern geachtet", fragte Sebastian seine Schwester leise.

„Nein", erwiderte Sara erstaunt. „Warum sollte ich?"

„Ach, nicht so wichtig."

Mit großen Tüten bepackt verließen sie die Bäckerei und stiegen wieder in den VW-Bus. Nach kurzer Fahrt erreichten sie die Fähre, die nur wenige Minuten später ablegte.

Uwe Schneider führte Elke, Alfred Berresen und die Geschwister in die Kantine, wo es heißen Kakao gab und die Tüten geplündert wurden. Eigentlich wären Sara und Sebastian viel lieber an Deck gegangen, um von dort aus die Fahrt hinaus auf die Nordsee zu erleben. Doch aus den Tüten duftete es gar zu verlockend, und sie entschieden sich dafür, erst einmal etwas zu essen.

Als sie dann endlich an Deck gingen, lief die Fähre bereits in den Hafen der Insel Pellworm ein. Langsam manövrierte sie durch immer niedriger werdendes Wasser und legte schließlich an. Und dann rollte der grüne Bus auch schon weiter. Er durchquerte die Insel. Kurz bevor sie den Deich erreichten, kamen sie an einigen kleinen Häusern vorbei. Da richtete Sebastian sich plötzlich auf. Aufgeregt griff er nach dem Arm seiner Schwester und deutete nach draußen.

„Hast du gesehen?" flüsterte er. „Dort bei dem einen Haus habe ich den Mercedes und den Geländewagen gesehen. Und weißt du, wer daneben stand?"

„Woher sollte ich?" fragte Sara leise.

„Es waren der Verwalter, Ritschie, das Mädchen, das japanische Ehepaar und der Mastino."

„Ob die hier Ferien machen?" überlegte Sara.

„Bestimmt nicht!" Sebastian sah seine Schwester eindringlich an. „Mich würde es überhaupt nicht überraschen, wenn die hier wären, um Vogeleier zu klauen!"

Die Sonne stand bereits hoch am Himmel, und im Auto war es ziemlich heiß. Doch nun hatten sie ihr Ziel fast erreicht. Auf einer schmalen Asphaltstraße überquerten sie den Deich und stiegen aus dem Auto. Von hier aus konnte es nur noch mit einem Boot weitergehen.

Während die Erwachsenen das Gepäck aus dem VW-Bus luden, blickten Sebastian und Sara auf die See hinaus. Weit hinten am Horizont lagen die Halligen und die Insel Amrum. Wellen platschten an den Deich und an einen kleinen Steg, an dem ein Boot auf sie wartete. Es war ein Motorboot mit einem kleinen Häuschen darauf, in dem der Mann am Steuer auch bei Regen trocken blieb.

Uwe Schneider trieb zur Eile an. „Das Wasser fällt", erklärte er. „Wir müssen fahren, sonst sitzt Fischer Hansen mit seinem Boot fest, und wir müssen bis zur nächsten Flut warten, bevor wir weiterfahren können."

In schneller Fahrt ging es auf die See hinaus.

Staunend blickten Sara und Sebastian auf die endlos weite, spiegelglatte Wasseroberfläche. Am flimmernden Horizont konnten sie den Leuchtturm der Insel Amrum erkennen, die meterhoch über dem Wasser zu schweben schien.

Plötzlich tauchten unmittelbar neben dem Boot zwei runde, braune Köpfe aus dem Wasser. Schwarze Augen blickten sie neugierig an.

„Seehunde!“ rief Berresen. Er griff zu seiner Kamera, um ein Bild zu machen, doch da tauchten die Tiere schon wieder weg.

„Ihr habt Glück gehabt“, meinte Schneider. „Normalerweise lassen sich Seehunde nicht blicken. Und schon gar nicht so nah beim Boot.“

Er deutete auf die kleine Insel Norderoog-Sand, die nun immer näher rückte. Sie war leicht von den anderen Inseln und Halligen zu unterscheiden, da es auf ihr weder Häuser noch Bäume gab, nur eine Art großer Kasten auf Pfählen.

„Das ist der Wohncontainer für den Vogelwart“, erklärte Schneider. „Er ist grün, so wie unser Bus.“

Sara und Sebastian hatten sich bisher nicht viel Gedanken über die Vogelschutzinsel gemacht. Jetzt aber horchten sie auf. Von einem Vogelwart hatten sie schon gehört, aber daß dieser Mann sich ständig auf der Insel aufhielt, hatten sie nicht gewußt.

„Jetzt gibt es gleich nasse Füße“, sagte Schneider

und begann, Schuhe und Strümpfe auszuziehen und die Hosen aufzukrempeln. „Aber das werdet ihr schon überstehen."

Fischer Hansen, ein strohblonder Mann mit roten Backen, schaltete den Motor aus, und sie kletterten in das mitgeführte Ruderboot. Hansen ruderte noch ein Stück an die Insel heran. Dann aber, als das Wasser nur noch knietief war, hieß es aussteigen und zu Fuß weitergehen.

Hansen verabschiedete sich mit einer knappen Handbewegung und machte sich auf den Rückweg, während sie durch das seichte Wasser zur Insel hinüberwateten.

Die Vogelinsel

Kurz bevor sie festen Boden erreichten, blieb Uwe Schneider stehen. Er zeigte auf eine tote Möwe, die im Wasser trieb. Ihr Kopf steckte in einer Plastikschlinge. Schneider bückte sich und nahm der Möwe die Schlinge ab. Sie hatte sich so fest um den Hals des Vogels gelegt, daß das Tier daran erstickt war.

„Mit solchen Plastikschlingen bindet man Bier- und Coladosen zum Sechserpack zusammen. Die Leute werfen dieses Plastikzeug zusammen mit den Blechdosen immer wieder ins Wasser", sagte Schneider traurig. „Die Möwen sehen das Blech in den Wellen blinken, halten es für einen Fisch und stoßen herab. Und dann geraten sie mit dem Kopf in die Schlinge, und es ist aus. Nur selten können sie sich alleine wieder befreien."

Er ließ die Möwe zurück und nahm nur den Plastikabfall mit.

Nun betraten sie den sandigen, feuchten Boden der Insel. „Horch mal", sagte Sebastian leise zu seiner Schwester.

Vom Container her, der nicht mehr weit entfernt war, ertönten die Schreie von zahllosen Vögeln. Bisher hatten sie gar nicht darauf geachtet. Doch jetzt, als sie der Station des Vogelwarts näher kamen, konnten sie Tausende von scheinbar ziellos durcheinander fliegenden Vögeln sehen. Es waren Brandseeschwalben, gut zu erkennen an ihren schwarzen Federhauben.

Bei einigen in den Boden gerammten Pfählen, die mit Flechtwerk verbunden waren, blieb Schneider stehen. Von hier aus führte ein schmaler Steg zu einer Treppe, an deren oberen Ende der Vogelwart Martin Timmen stand. Er war ein großer, kahlköpfiger Mann mit einem kurzgeschorenen Vollbart. Ohne zu lächeln blickte er auf die Ankömmlinge herab, so als sei er keineswegs erfreut über ihren Besuch.

Schneider zupfte kleine Zweige aus dem Geflecht zwischen den Pfählen und hielt sie seinen Begleitern hin. „Da, nehmt", empfahl er ihnen, „und haltet sie über eure Köpfe. Die Brandseeschwalben greifen euch sonst an. Sie picken nach euch oder bespritzen euch mit ihrem Kot. Wenn ihr aber die Zweige hochhaltet, stoßen sie danach, und euch passiert nichts."

War da nicht wieder dieses schelmische Blitzen in seinen Augen? Meinte er es ernst, oder machte er sich lustig über sie? Sara und Sebastian blickten sich unsicher an. Zögernd nahmen sie die Zweige, konnten sich aber nicht dazu entschließen, sie hochzuhalten. Sie waren ganz sicher, ausgelacht zu werden.

Doch kaum hatten sie den Steg betreten, als die Brandseeschwalben plötzlich laut schreiend auf sie zuflatterten.

Schneider, Elke und Berresen hielten schnell ihre Zweige hoch und eilten über den schlüpfrigen Steg zur Treppe hinüber. Kreischend schossen die Vögel an ihnen vorbei.

Sara hob ihren Zweig jetzt ebenfalls hoch. Es sah aus, als habe sie sich eine Antenne ins Haar gesteckt.

Sebastian zögerte noch. Vorsichtig ging er über den glitschigen Steg.

Und dann ging plötzlich alles ganz schnell: Flügel flatterten, Federn streiften seinen Kopf, ein Schnabel hackte nach ihm. Unwillkürlich zog er den Kopf ein. Der Vogel flog auf, kreiste kurz und setzte zu einem erneuten Angriff an.

Sebastian lief schneller. Jetzt hielt auch er den Zweig hoch, und tatsächlich – es half. Allerdings konnte er nicht mehr verhindern, daß einer der Vögel platschend seinen Kot auf ihn fallen ließ.

Wie die anderen wusch sich Sebastian unten an der Treppe rasch seine Füße in einem Eimer mit Wasser und stieg dann die Stufen hinauf.

Lachend streckte Vogelwart Timmen ihm die Hand entgegen. „Schlimm?“ fragte er.

Sebastian tastete seinen Kopf ab. „Nö“, antwortete er. „Ist noch alles heil."

„Warum tun die Vögel das?" fragte Sara. Sie standen vor dem Container auf einer kleinen Aussichtsplattform. Von hier aus konnten sie die ganze Insel überblicken. Im Süden erhoben sich einige Dünen, nach Norden hin wurde es immer flacher: Grüne Wiesen dehnten sich aus und gingen allmählich ins graubraune Wattenmeer über.

„Sieh dich doch um", forderte der Vogelwart Sara auf, „dann wirst du es schon verstehen."

Dann betrat er mit Uwe Schneider und Elke den Container, um die mitgebrachten Sachen auszupakken und die Ereignisse der vergangenen Tage zu besprechen. Berresen blickte sich kurz um und folgte ihnen dann.

Sara und Sebastian blieben auf der Aussichtsplattform, um die Brandseeschwalben zu beobachten. Wieder setzten einige zum Angriff an, drehten jedoch kurz vorher ab und flatterten davon. Manche ließen sich auf dem Geländer der Plattform nieder. Es schien sie gar nicht zu stören, daß Menschen in ihrer Nähe waren.

„Sieh mal, manche haben kleine Fische im Schnabel", rief Sara. Sie spähte nach Süden zu den Dünen hin. Dort nisteten so viele Vögel, daß die Senken zwischen den Dünen weiß von ihrem Gefieder waren. Sebastian beobachtete eine einzelne Brandsee-

6 4475-8

schwalbe ganz genau und ließ sie nicht mehr aus den Augen. Jetzt landete sie ganz in der Nähe im Strandhafer. Und plötzlich entdeckte Sebastian, daß sie nicht allein war: Ein winziges flauschiges Etwas kauerte zwischen den Halmen. Es war so gut getarnt, daß es sich kaum von seiner Umgebung unterschied.

„Da unten sind Küken“, staunte Sebastian. „Nester! Du mußt ganz genau hinsehen, Sara. Da sind auch Eier.“

Berresen trat aus dem Container und gab den Kindern Ferngläser. Er lächelte, als er sah, wie entdeckungsfreudig die beiden plötzlich waren.

Durch die Ferngläser konnten Sara und Sebastian alles besser erkennen. Meter für Meter suchten sie die Umgebung der Beobachtungsstation ab, und ihre Begeisterung wuchs. Doch selbst mit den Ferngläsern war es nicht leicht, die Nester mit den Eiern oder den Küken zu entdecken. Jetzt verstanden sie auch, weshalb die Vögel angegriffen hatten: Sie wollten ihre Nester und ihre Jungen verteidigen.

In der Ferne war ein dunkles Brummen zu hören, aber sie achteten nicht darauf. Erst als es plötzlich lauter wurde und in ein Dröhnen überging, wurden sie aufmerksam.

Als die aufblickten, sahen sie ein kleines Flugzeug, das sich im Tiefflug näherte. In einer Höhe von kaum hundert Metern donnerte es über sie hinweg.

Ein riesiger Schwarm kreischender Vögel erhob sich aus den Dünen. Uwe Schneider und der Vogelwart stürzten aus dem Container und verfolgten mit ihren Ferngläsern das Flugzeug, das sich rasch entfernte.

Brandseeschwalben, Austernfischer, Lachmöwen, Flußseeschwalben, Küstenseeschwalben, Brandgänse, Stockenten und Eiderenten – sie alle flatterten aufgeregt über die Insel. Sie schienen sich gar nicht mehr beruhigen zu können.

„Das ist leider nichts Ungewöhnliches", sagte der Vogelwart. „Fast jeden Tag gibt es Störungen durch Flugzeuge. Glücklicherweise fliegen nicht alle so tief."

Als erste beruhigten sich die Möwen. Sie nutzten die Situation, um aus den Nestern der Austernfischer und der Brandseeschwalben Eier zu rauben.

„Habt ihr die Nummer gesehen, die auf dem Flugzeug stand?" fragte Uwe Schneider die Kinder. „Oder könnt ihr die Maschine sonst irgendwie beschreiben?"

Betroffen schüttelte Sara den Kopf. „Es kam zu überraschend", sagte sie. „Es ging so schnell, daß ich nicht darauf geachtet habe."

„Durch das Fernglas war auch nichts zu erkennen", bemerkte Schneider. Er war sehr verärgert. „So ein

Schwachkopf! Der hält so was für witzig und hat keine Ahnung, was er damit anrichtet."

„Das ist oft so", stimmte der Vogelwart zu. „Die Leute denken nicht über das nach, was sie tun."

Die Männer zogen sich wieder in den Container zurück. Sara und Sebastian wandten sich den Vögeln zu, die sich allmählich nun doch beruhigten und zu ihren Nestern zurückkehrten.

Die beiden konnten sich gar nicht satt sehen. Ständig gab es etwas Neues zu entdecken. Sie beobachteten, wie die Küken ihre ersten, vorsichtigen Ausflüge in die nähere Umgebung machten. Tapsig und unsicher stelzten sie auf ihren dünnen Beinen umher und gerieten in Aufregung, wenn die Eltern mit einem Fisch im Schnabel zu ihnen zurückkehrten. Lachmöwen versuchten sich als Nesträuber und wurden von den kreischenden Brandseeschwalben angegriffen und vertrieben.

Wie im Fluge verging die Zeit. Als Uwe Schneider und seine Assistentin sich verabschiedeten, kam es den Geschwistern so vor, als seien sie gerade erst angekommen.

Bevor Schneider zum Boot aufbrach, das mit der einsetzenden Flut angekommen war, zeigte er Sebastian und Sara die alte Hütte neben dem Container. Die hatten sie noch gar nicht bemerkt. Sie war die erste Beobachtungsstation auf Norderoog-Sand gewesen. Die Einrichtung war sehr einfach. Die Kinder konnten sich nur schwer vorstellen, wie ein Mann ganz allein viele lange Sommermonate in dieser Hütte gelebt haben konnte. In die Holzbalken unter der Decke hatte jemand den Namen *Jens Wand* eingeritzt.

„Jens Wand war von 1909 bis 1959 Vogelwart des Vereins *Jordsand“,* erzählte Schneider und blickte gedankenverloren aus dem Fenster. „1959 hat er sich nachts im Watt verirrt, als er von Hallig Hooge hierher gehen wollte. Er ist ertrunken. Dabei kannte sich im Watt kaum jemand so gut aus wie er.“

„Wir müssen los“, drängte Elke. Sie schien die Geschichte von Jens Wand schon oft gehört zu haben.

Schneider nickte den Kindern zu. „Ihr seht, Naturschutz ist keine neue Erfindung“, sagte er. „Unser Verein wurde 1907 gegründet. Schon damals war klar, daß man die Dinge nicht einfach so treiben lassen kann.“

Zusammen mit Elke stieg er die Treppe zum Steg hinab. Das Wasser war mittlerweile so hoch gestiegen, daß Fischer Hansen mit dem Ruderboot bis an den Steg heranfahren konnte. Dort hatte er zwei Kästen mit Getränken abgesetzt. Jetzt nahm er seine beiden Fahrgäste auf und brachte sie zum Motorboot.

Nesträuber

Sara und Sebastian schliefen in der alten Hütte des Vogelwarts Jens Wand, während ihr Vater bei Timmen im Wohncontainer übernachtete.

„Wenn die Brutzeit vorbei ist, kommen Jugendliche aus der ganzen Welt zu uns“, berichtete Vogelwart Timmen am nächsten Morgen beim Frühstück. „Sie wollen etwas für den Naturschutz tun und die Natur hier im Nationalpark Wattenmeer erleben. Viele von ihnen haben noch nie Brandseeschwalben gesehen.“

„Und was machen sie hier?“ fragte Sara. Mißbilligend blickte sie Sebastian an, der sich ausschließlich für sein Wurstbrot zu interessieren schien.

„Sie arbeiten mit bei der Landgewinnung“, erklärte Martin Timmen. „Wie ihr draußen sehen könnt, haben wir überall Pfähle in den Boden gerammt. Sie sind mit Flechtwerk verbunden.

Dadurch entstehen Stauzonen, aus denen das Wasser bei Ebbe nicht so rasch abfließen kann. Sand setzt sich ab. So gewinnen wir neuen Boden, und die Insel wird im Laufe der Jahre allmählich größer – wenn die See sich beim nächsten Sturm nicht zurückholt, was wir ihr mühsam abgerungen haben."

„Eine schwere Arbeit für die Jugendlichen", fügte Berresen hinzu. „Aber sie tun es gern. Sie wissen, wofür sie es tun, und sie werden durch die Begegnung mit der Natur reichlich entschädigt."

„Und wo schlafen sie?" Saras Wissensdurst war noch nicht gestillt.

„In Zelten", antwortete der Vogelwart. „Deshalb können sie erst kommen, wenn die Brutzeit vorbei ist."

Er stand auf und warf einen prüfenden Blick durch die Fenster nach draußen.

Es war Ebbe, und das Wasser hatte sich weit zurückgezogen. Das Watt dehnte sich von der Insel bis hinüber nach Amrum und Hallig Hooge. Der Himmel war bewölkt, aber es war nicht kalt.

„Euer Vater und ich machen jetzt einen Inselrundgang, damit er Fotos machen kann", erklärte Timmen. „Bitte entfernt euch nicht zu weit von der Station und geht auf keinen Fall in die Dünen. Die Eier der Vögel und auch ihre Küken sind so gut getarnt, daß ihr sie nicht sehen würdet. Und sicherlich wollt ihr sie nicht zertreten."

Für Sara und Sebastian war es natürlich selbstverständlich, daß sie diese Anweisungen befolgen würden.

Timmen warf einen Blick auf seine Armbanduhr.

„In etwa einer Stunde setzt die Flut ein", sagte er. „Dann müßt ihr auf jeden Fall wieder hier sein."

Berresen nahm seine Fototasche und stieg mit dem Vogelwart die Treppe hinunter. Martin Timmen hatte eine alte Jeansjacke an, die über und über mit Vogelkot bedeckt war. Er zog sie sich über den Kopf und ließ die Angriffe der Vögel gelassen über sich ergehen. Berresen hielt sich einen Zweig an den Kopf, konnte aber nicht verhindern, daß ihn eine der Brandseeschwalben mit Kot bespritzte.

„Volltreffer", lachte Sebastian. „Genau auf den Kragen!"

Sara und er blieben vorerst auf der Aussichtsplattform. Von hier aus konnten sie fast die ganze Insel überblicken. Nur das südwestliche Ufer verbarg sich hinter den Dünen. Dorthin führte Martin Timmen ihren Vater. Der Vogelwart ging langsam voraus und wich den Nestern der Vögel und den Küken vorsichtig aus. Aufgeregt flatterten die Altvögel um die beiden Männer herum. Immer wieder griffen sie an, um sie zu vertreiben. Ihr Kreischen schien auf der ganzen Insel widerzuhallen.

Berresen und der Vogelwart entfernten sich weiter und weiter von der Station, bis sie schließlich hinter den Dünen verschwanden.

Sara und Sebastian stiegen die Treppe hinunter und liefen über den Steg bis zu der Stelle, an der das

Ruderboot bei Flut angelegt hatte. Hier begann das Watt. Der Boden war sandig, und überall hoben sich die kleinen Hügel ab, die von den Wattwürmern aufgeworfen worden waren. Krebse flüchteten aus seichten Wassermulden und gruben sich blitzschnell ein, als die beiden Kinder sich ihnen näherten. Es gab so viel zu entdecken, daß die Geschwister gar nicht bemerkten, wie die Zeit verging.

Plötzlich blieb Sara stehen. „Wir dürfen nicht weitergehen", sagte sie erschrocken und deutete auf das Watt hinaus. „Das Wasser kommt schon!"

Erstaunlich schnell schob sich das Wasser über den Sand auf sie zu. Sie konnten beobachten, wie es die Senken füllte und über den flachen Boden heranfloß. Plötzlich waren sie ganz vom Wasser eingeschlossen.

„Schnell! Zurück!" rief Sara Sebastian zu. „Oder willst du schwimmen?"

Als sie weglaufen wollte, hielt Sebastian sie lachend fest. „Es kann ja gar nicht so hoch steigen, daß wir schwimmen müssen", beruhigte er sie. „Wir sind jetzt ungefähr da, wo wir gestern aus dem Ruderboot gestiegen sind. Hier wird das Wasser nur knietief."

Doch Sara erinnerte ihren Bruder an die Warnung des Vogelwarts. Sie wollte sich nicht unnötig einer Gefahr aussetzen. Deshalb trieb sie Sebastian an.

Das Wasser holte sie tatsächlich ein. Doch nun waren sie schon so nah am Steg, daß nichts mehr passieren konnte. Tatsächlich reichte ihnen das Wasser nur bis zu den Knien, als sie auf den Steg kletterten. Wieder griffen die Brandseeschwalben an, doch die Kinder hatten Glück. Sie wurden weder von einem Schnabelhieb noch von Kot getroffen.

Als Sebastian auf der Plattform stand, entdeckte er ein Motorboot. Es näherte sich der Insel von Süden her. Es war klein, flach und sehr schnell.

Schnell rannte er in den Container, um ein Fernglas zu holen. Doch als er zurückkehrte, war das Boot bereits hinter den Dünen verschwunden. Es war nicht zu erkennen, ob es an der Insel vorbeifuhr oder ob es anlegte.

Sara blickte auf das Wasser hinaus. Sie war erstaunt, wie schnell es die Insel eingeschlossen hatte. Die weiten Wattflächen waren verschwunden.

„Komisch“, sagte sie dann nachdenklich. „Eigentlich müßten wir das Motorboot doch sehen können. Es müßte längst an der Insel vorbei sein.“

„Vielleicht fährt es jetzt nach Süden“, scherzte Sebastian. „Da soll es ja viel wärmer sein.“

Sara lächelte gequält. „Noch ein paar solche Bemerkungen, und ich unterhalte mich nur noch mit den Lachmöwen oder den Enten“, drohte sie.

„Ein bißchen eintönig“, meinte Sebastian grinsend.

„Die Stockenten machen immer nur rräb-rräb!“

Aber Sara achtete nicht auf ihn. „Da ist ein Nesträuber!“ rief sie aufgeregt und spähte durch das Fernglas zu den Dünen hinüber.

„Stockenten sind doch keine Nesträuber“, erwiderte Sebastian. „Sie sind...“

„Da drüben bei den Dünen“, unterbrach Sara ihn. „Sieh durchs Fernglas!“

Endlich hatte Sebastian begriffen. Durch das Fernglas konnte er einen Mann sehen, der eilig durch die Dünen ging und dabei Hunderte von Vögeln aufschreckte. Immer wieder bückte er sich, hob etwas auf und steckte es in seine große Umhängetasche.

„Dreh dich doch mal um, damit wir dich von vorn sehen können“, rief Sebastian ungeduldig, als könne der Mann ihn hören.

„Wir müssen ihn vertreiben“, sagte Sara aufgebracht.

„Wie denn? Wir dürfen nicht durch die Dünen laufen. Dabei würden wir Nester zertreten.“

„Aber wir müssen etwas tun! Wir können doch nicht zusehen, wie der Kerl die Nester plündert!“

Sebastian dachte angestrengt nach. „Ich hab's!“ rief er dann. „Wir fotografieren ihn.“ Und schon lief er in den Container. Irgendwo hatte er doch eine Kamera mit einem besonders langen Objektiv gesehen. Damit mußte es möglich sein, den Eierdieb so aufzu-

nehmen, daß er auf dem Bild zu erkennen wäre.

Der Container war durch eine Trennwand in zwei Räume geteilt. Im vorderen Raum stand ein Schaukasten mit Nestern und Eiern der verschiedenen Vögel, die auf Norderoog-Sand brüteten. Darauf lagen die Listen, auf denen der Vogelwart die Art und die Anzahl der auf Norderoog-Sand brütenden Vögel notiert hatte. An den Wänden hingen Landkarten vom Seegebiet des Nationalparks Wattenmeer.

Im zweiten Raum arbeitete und schlief der Vogelwart. Auf einem Tisch lag neben Büchern, einer Schreibmaschine und einem Funkgerät die gesuchte Kamera.

Sebastian nahm sie und kehrte damit zu seiner Schwester zurück.

„Zu spät“, meinte sie bedauernd. „Er haut schon ab.“

Durch das Objektiv der Kamera konnte Sebastian den Mann noch besser sehen als durch das Fernglas, da es noch mehr vergrößerte. Er beobachtete, wie der Mann hinter den Dünen verschwand. „Er kommt mir irgendwie bekannt vor.“ Nachdenklich ließ er die Kamera sinken. „Aber ich weiß nicht, wo er mir schon mal begegnet ist. Wenn er sich doch nur einmal zu uns umgedreht hätte!“

In der Ferne tauchten nun Berresen und der Vogelwart auf. Aufmerksam geworden durch die aufgeschreckten Vögel, eilten sie über die Wiesen heran. Doch auch sie kamen zu spät: Der Eierdieb war längst verschwunden.

Das Motorboot schoß nun hinter den Dünen hervor und entfernte sich in Richtung Hallig Hooge.

Sara beobachtete es durch das Fernglas. „Ich weiß, wer das ist", sagte sie dann triumphierend und ließ das Glas sinken. „Ja, ich bin ganz sicher!"

Ein Sturm zieht auf

„Ich fürchte, es ist zu spät“, sagte Martin Timmen, nachdem Sara und Sebastian ihm erzählt hatten, was geschehen war. „Wir können nichts tun.“

„Aber ich weiß, daß es der Verwalter des Grafen von Haitabach war“, erwiderte Sara. Sie war empört über das Verhalten des Eierdiebs, und sie wollte, daß er bestraft wurde. Sie konnte nicht verstehen, daß der Vogelwart den Zwischenfall so ruhig hinnahm.

„Wir wissen einfach zu wenig“, gab Timmen zu bedenken. „Wohin ist er gefahren? Wohin hat er die Eier gebracht? Oder hat er sie noch bei sich? Wo soll die Polizei ihn suchen? Ist es wirklich der Verwalter des Grafen gewesen? Ihr habt ihn schließlich nur von hinten gesehen.“

„Es kann nur der Verwalter gewesen sein“, erklärte Sara. „Ich habe das Boot erkannt. Es hat eine schadhafte Stelle, die ausgespachtelt wurde. Und diese Stelle habe ich deutlich gesehen.“

Der Vogelwart blieb ruhig und gelassen. „Ich werde Anzeige erstatten, und die Polizei wird sicherlich etwas unternehmen“, entgegnete er. „Mehr kann ich nicht tun.“

Dann ging er zum Funkgerät, um mit Fischer Hansen auf Pellworm zu sprechen.

„Das Wetter schlägt um“, sagte er zu Berresen, als er wieder zurückkam. „Ein schwerer Sturm zieht auf. Unter diesen Umständen können die Kinder nicht hier bleiben. Hansen fährt gleich von Pellworm los, um die beiden hier abzuholen.“

Berresen entging nicht, wie enttäuscht Sara und Sebastian waren. „Es muß sein“, sagte er. „Ich bleibe hier, weil ich bei Sturm möglicherweise ganz besondere Aufnahmen machen kann.“

„Und wir?“ fragten Sara und Sebastian wie aus einem Munde.

„Hansen wird euch ein Zimmer auf Pellworm besorgen“, antwortete Timmen.

Sara setzte sich auf die Holzbank draußen vor der Tür. Traurig blickte sie zu den Dünen hinüber. „Glauben Sie, daß es Hochwasser gibt?“ wollte sie von Timmen wissen. „Wird die Insel überflutet?

„Ich will es nicht hoffen“, antwortete der Vogelwart, „aber ausschließen kann ich es nicht. Viele Jungvögel würden es nicht überleben, wenn die Insel überschwemmt wird.“

Eine Stunde später verabschiedeten sich Sara und Sebastian von dem Vogelwart und ihrem Vater. Und dann ging es in Hansens Boot zurück zur Insel Pellworm. Tiefschwarze Wolken zogen am Horizont

SchneiderBuch-Neuheiten in Sicht!

ıeuen SchneiderBücher
da. Hier findet ihr
ımmt eure Lieblings-
ıer; denn für jeden
wwas dabei.

Holt euch die neuen
SchneiderBücher.

F 2201

SCHNEIDER BUCH

BILDERBÜCHER

Franz Hübner/Mario Kessler
Faxenmaxe
Der Hase Max ist immer gut gelaunt und vertreibt mit seinen Späßen die Sorgen der Tiere. Best.-Nr. 4545 16,80/ÖS 129,–

Burckhard Garbe/Rolf Rettich
Im Kaufhaus Kaufrausch
Viel zu sehen und zu staunen gibt es im Kaufhaus Kaufrausch. Best.-Nr. 4544 16,80/ÖS 129,–

BENJAMIN

Großdruck

Renate Axt
Gute Besserung!
Pia muß ins Krankenhaus und hat Angst davor. Doch alles wird nur halb so schlimm wie befürchtet. Best.-Nr. 4549 9,80/ÖS 79,–

Dimiter Inkiow
Meine Schwester Klara und der lustige Popo
Auch in diesem 18ten Band bringt Klara wieder alle zum Lachen.
Best.-Nr. 4546 9,80/ÖS 79,–

Dimiter Inkiow
Das sprechende Auto
Herr Kluge ist Erfinder. Hier wird seine neueste Erfindung vorgestellt.
Best.-Nr. 4518 9,80/ÖS 79,–

Nan Inger Östmann
Nina und die Hundebabys
Mit den acht kleinen Hundebabys ändert sich Ninas Leben. Best.-Nr. 4250 9,80/ÖS 79,–

Alfons Schweiggert
Mini, die kleinste Katze der Welt
Sehr viel Liebe und Zuwendung braucht das kleine Kätzchen Mini.
Best.-Nr. 4548 9,80/ÖS 79,–

Kerstin Sundh
Verrückte Ferien mit Milli und Molli
verbringt Kai auf dem Kinderhof. Anfängliches Heimweh verliert sich schnell.
Best.-Nr. 4198 9,80/ÖS 79,–

Klaus-Peter Wolf
Stop! Wir haben Vorfahrt!
Jans sehnlichster Wunsch ist es, einmal Schülerlotse zu werden ...
Best.-Nr. 4550 9,80/ÖS 79,–

Schreibschrift

Ingeborg Feustel/Charlotte Panowsky
Geburtstag im Apfelbaum
Mit enem ganz besonderen Kunststück überrascht das Hexlein Josi seine Geburtstagsgäste. Best.-Nr. 4553 8,95/ÖS 69,–

Gisela Henkel
Lisa bekommt ein Geschwisterchen
Lisa freut sich riesig, denn sie bekommt ein Geschwisterchen.
Best.-Nr. 4551 9,80/ÖS 79,–

Jo Martin
Wer hat den Mond gemopst?
Die Tiere im Wald wundern sich, denn der Mond ist nur noch eine Sichel.
Best.-Nr. 4552 9,80/ÖS 79,–

BILDERBÜCHER

LDVORLESEBÜCHER

ERZÄHLER BIBLIOTHEK

S KLEINE HNEIDERBUCH

TIERBÜCHER

Cartwright Bilderbücher
- **Das Ferkel ist weg** Best.-Nr. 4639
- **Die tüchtige Vogelscheuche** Best.-Nr. 4640

Die Bilderbücher dieser Reihe schildern amüsante und witzige Erlebnisse und Situationen im Zusammenleben von Menschen und Tieren auf dem Land. Je 9,80/ÖS 79,–

Richard Scarry
Hoppla! Hier kommt Herr Tolpatsch!
Herr Tolpatsch sorgt stets für Aufregung und Durcheinander.
Best.-Nr. 4630 19,80/ÖS 149,–

Bekannte Autoren erzählen klassische Geschichten – spannend, witzig und lehrreich
Max Kruse **Wie die Schuhe fliegen lernten und andere Schelmengeschichten** Best.-Nr. 4645
Ursel Scheffler **Wie David den Goliath besiegte und andere biblische Geschichten** Best.-Nr. 4646
Je 24,80/ÖS 199,–

Sheringham/Stimson
5-Minuten-Geschichten zum Vorlesen
Über 100 schöne Geschichten und keine dauert länger als 5 Minuten.
Best.-Nr. 4600 15,–/ÖS 119,–

Dalmais/Smith
Willkommen bei Familie Bär
Bobo, ein kleiner aufgeweckter Teddybär stellt seine Familie vor. Best.-Nr. 4558 15,–/ÖS 119,–

Andreas Hantke
Neue Kinderlieder
Best.-Nr. 4629 3,95/ÖS 29,–

Magarethe Kaspar
Abzählreime
Neue und alte, bekannte und unbekannte Abzählreime sind hier gesammelt.
Best.-Nr. 4628 3,95/ÖS 29,–

Hans G. Franciskowsky
Auf den Spuren bedrohter Tiere
Im Reich der Robben, Bd. 1 Best.-Nr. 4463
Achtung Eierdiebe!, Bd. 2 Best.-Nr. 4475
Der Tierschutz ist Thema dieser neuen spannend geschriebenen Serie. Je 9,80/ÖS 79,–

Andrea Pabel
Mira und der blaue Delphin
Eine zauberhafte Geschichte über Miras Begegnung mit dem sagenhaften blauen Delphin. Best.-Nr. 4485 8,95/ÖS 69,–

Virginia Vail
Sternchen darf nicht sterben
Tierarzt-Praxis Birkenallee 7, Bd. 11
Wieder einmal gibt es viel Wirbel in der bekannten Tierarztpraxis. Best.-Nr. 4659 9,80/ÖS 79,–

Sharon M. Hart
Glorias Rennen
Ein Paradies für Tiere, Bd. 4
Werden Sarah und ihre Stute Gloria das Rennen trotz der unvorhergesehenen Zwischenfälle gewinnen? Best.-Nr. 4380 9,80/ÖS 79,–

MÄDCHEN

Kerstin Sundh
Das Geheimnis der Perlenkette
Miranda, Bd. 1
Miranda nimmt eine wertvolle Perlenkette an sich. Ein unruhiges Versteckspiel beginnt ...
Best.-Nr. 4415 12,80/ÖS 99,–

Kerstin Sundh
Ein ganz besonderes Geschenk
Miranda, Bd. 2
Oft wünscht sich Miranda, in einem der Häuser der Stadt zu wohnen. Dabei kann es bei ihr zu Hause sehr schön sein. Best.-Nr. 4412 12,80/ÖS 99,–

Gabriele Kuhnke
Bei uns in Sommerland
Iris hat´s gut auf dem herrlichen Hof in Sommerland. Best. -Nr. 4648 9,80/ÖS 79,–

Birgitte Blobel
Sturm im Schmetterlingsland
Die Power-Girls, Bd. 4
Victor und Lola geraten in den Sturm ihres Lebens, der ihnen einiges an Standfestigkeit abverlangt. Best.-Nr. 4647 10,80/ÖS 85,–

Peter Kuntze
Im Zelt auf dem Hubertushof
Das Trio mit Pfiff, Bd. 5
Abenteuerliche Erlebnisse auf dem Hubertushof halten das Flöten-Trio pausenlos in Atem.
Best.-Nr. 4543 9,80/ÖS 79,–

Evelyne Kolnberger
Die Mädchen von Timonera
Überraschungen auf Mallorca für die ganze Familie ... Best.-Nr. 4581 9,80/ÖS 79,–

Irma Krauß
Katharina, 15 Jahre
Sorge und Nöte eines 15jährigen Teenagers.
Best.-Nr. 4601 10,80/ÖS 85,–

Sue Welford
Hunger nach Leben
Jasons Schwester leidet an Magersucht.
Er unternimmt alles, um ihr zu helfen.
Best.-Nr. 4680 10,80/ÖS 85,–

Barbara Wersba
Ich bin einfach ich!
Hannas Eltern wollen etwas ganz Besonderes aus ihrer Tochter machen. Doch Hanna geht ihren eigenen Weg.
Best.-Nr. 4650 10,80/ÖS 85,–

PFERDEBÜCH

Ursula Isbel
Wechselnde Pfade
Pferdeheimat im Hochland, Bd. 4
Was ist mit Lauris Pferd Dandy geschehen?
Best.-Nr. 4371 10,80/ÖS 85,–

Ann Sheldon
Der Ritt zum Canyon
Lisa und die Ranch der Pferde, Bd. 4
Abenteuerlicher Wanderritt zum geheimnisumwitterten Gold Canyon.
Best.-Nr. 4488 9,80/ÖS 79,–

Carol Fenner
Der Sommer der Pferde
Faith freut sich auf die Ferien auf dem Pferdehof. Best.-Nr. 4529 10,80/ÖS 85,–

Sabine Jörg
Mein Pony bleibt bei mir
Als der Ponyhof in Gefahr gerät, setzen sich Sonja und das Mädchen für dessen Erhaltung ein. Best.-Nr. 4398 9,80/ÖS 79,–

Helga Wegener-Olbricht (Hrsg.)
Mein Pferd läuft mit dem Wind
Heitere und ernste Geschichten, in denen das Pferd der beste Freund des Menschen ist. Best.-Nr. 4621 12,80/ÖS 99,–

Hans G. Franciskowsky
Der Ritt am Meer, Wendy, Bd. 4
Wendy und ihre Freunde finden ein entkräftetes Pferd. Bald sind die Freunde einem Geheimnis auf der Spur… Best.-Nr. 4596 10,80/ÖS 85,–

Hans G. Franciskowsky
Zuflucht auf Lindenhöhe
Wendy, Bd. 5
Viel Wirbel um Mia und das Reitpony Caramel. Best.-Nr. 4620 10,80/ÖS 85,–

Uta Over
Zuerst kommen die Pferde
Der Schwalbenhof, Bd. 2
Die Zwillinge Ina und Tanja sind sprachlos, als eines Tages ein hübsches, braunes Lama im Pferdestall steht. Best.-Nr. 4567 9,80/ÖS 79,–

Gunilla Wolde
Reiten mit Putte
Kias sehnlichster Wunsch geht in Erfüllung: Der Wallach Putte wird ihr Pflegepferd. Best.-Nr. 4386 10,80/ÖS 85,–

Walter Farley
Blitz, der schwarze Hengst, Bd. 1
Alec wird bei einem Schiffbruch von dem Hengst Blitz gerettet. Ein großes Abenteuer beginnt … Best.-Nr. 4663 12,80/ÖS 99,–

Walter Farley
Blitz kehrt heim, Bd. 2
Alec versucht alles, um Blitz zurückzugewinnen. Best.-Nr. 4664 12,80/ÖS 99,–

ABENTEUER

Peter Kuntze
Dicke Luft im Klassenzimmer
Die verflixte 7b, Bd. 1
Frech, witzig und zu allen Schandtaten bereit – das ist der Ruf der 7b. Best.-Nr. 4597 9,80/ÖS 79,–

Peter Kuntze
Die unheimliche Bio-Stunde
Die verflixte 7b, Bd. 2
Beim Anlegen eines Biogartens stoßen die Schüler auf ein aufsehenerregenes Hindernis. Best.-Nr. 4598 9,80/ÖS 79,–

Paul und Emma Rogers
Das tollste Fahrrad der Welt
Aufregende Abenteuer um ein altes, verrostetes Fahrrad. Best.-Nr. 4653 8,95/ÖS 69,–

Manfred Böckl
Im Höllbach ist die Hölle los oder Das Geheimnis der Burgruine
Pizza-Bande, Bd. 23
Eine heiße Spur wird verfolgt, die in einem waghalsigen Höllenabenteuer endet.
Best.-Nr. 4652 9,80/ÖS 79,–

Hans G. Franciskowsky
Verschwörung gegen Dennis
Der Junge vom Lotsenturm, Bd. 5
Dennis ist in einer fürchterlichen Klemme. Er soll ins Heim zurück.
Best.-Nr. 4562 9,80/ÖS 79,–

Klaus-Peter Wolf
Der Teufelsflitzer
Drei tolle Nullen, Bd. 7
Ollis Opa fährt ein Super-Auto, welches bei einem Speedway-Rennen die Zuschauer in Atem hält.
Best.-Nr. 4654 9,80/ÖS 79,–

A. M. Reinhard
Willi im Pech
Scherlock Schmidt & Co., Bd. 6
Klarer Fall von Unfallflucht. Die Spur führt auf den Schrottplatz. Best.-Nr. 4631 8,95/ÖS 69,–

Peter Weissflog
Wolly braucht Geld
Wolly Cosmopolly, Bd. 3
So hat sich Wolly sein Leben in Deutschland nicht vorgestellt. Er will frei sein.
Best.-Nr. 4563 9,80/ÖS 79,–

Peter Weissflog
Wolly bändigt den Löwen
Wolly Cosmopolly, Bd. 4
Wolly findet Unterschlupf bei einem Wanderzirkus.
Best.-Nr. 4564 9,80/ÖS 79,–

Manfred Böckl
Der Rappe mit der Elchschaufel
Isa und Gert haben im Krieg ihr Land verloren. Doch in ihren Pferden wird Trakehnen weiterleben.
Best.-Nr. 4471 19,80/ÖS 149,–

Lars Hesslind
Und sie geben nicht auf
Die 13jährige Jennifer Chin wird Zeugin eines dramatischen Kampfes um das Überleben der Nordsee. Best.-Nr. 4411 19,80/ÖS 149,–

Alfons Schweiggert
Typisch Lehrer –
Handbuch für Schul-Nervensägen
Witze, Cartoons, freche Sprüche und eine Menge Gehässigkeiten über Pauker und Penner.
Best.-Nr. 4568 9,80/ÖS 79,–

Gerhard Buchner
Kinderliederschatz
150 besonders beliebte Volkslieder zum Singen und Spielen mit Kindern.
Best.-Nr. 4723 9,80/ÖS 79,–

Marek Mann
Mein Poesiealbum
Best.-Nr. 4565 9,80/ÖS 79,–

ABENTEUER

ROMANE

KNAUTSCHBÜCHER

GESCHENKBÜCH

KALENDER

SACHBÜCHER

MINI-GESCHENKBÜCHER

Sybille Schneider
Pferdekalender 1993
Best.-Nr. 4625 9,80/ÖS 79,–

Heintschel & Co.
Schülerkalender 1993
Bewährt und begehrt – der neue Schneider-Schülerkalender, ein unentbehrlicher Begleiter. Best.-Nr. 4561 9,80/ÖS 79,–

Reinhold Reitberger
Rätsel- und Spaßkalender 1993
Fröhlich durch das Jahr, Gags und Tips für die kostbaren freien Stunden.
Best.-Nr. 4626 9,80/ÖS 79,–

Renate Navé (Hrsg.)
Mädchenkalender 1993
Best.-Nr. 4560 9 80/ÖS 79,–

Uta Over
Wendy-Kalender 1993
Best.-Nr. 4687 9,80/ÖS 79,–

Ulrich Vogel
Simpson-Kalender 1993
Best.-Nr. 4688 9,80/ÖS79,–

Walt Disney
Donald Duck-Kalender 1993
Der beliebte Kalenderspaß aus Entenhausen.
Best.-Nr. 4576 9,80/ÖS 79,–

Mary-Jane Wilkins
Licht, Luft und Wasser
Wissenswertes über die Elemente Licht, Luft und Wasser. Best.-Nr. 4533 16,80/ÖS 129,–

Michael Chinery
Tiere im Regenwald
Viel Erstaunliches über die Bewohner des Regenwaldes. Best.-Nr. 4635 16,80/ÖS 129,–

John Sidworthy
Aus unserer Pflanzenwelt
Wissenswertes über die Pflanzenwelt.
Best.-Nr. 4627 16,80/ÖS 129,–

Michael Chinery
Tiere der großen Meere
Viel Erstaunliches über die vielfältigen Meeresbewohner. Best.-Nr. 4636 16,80/ÖS 129,–

Rachel Wright
Piraten
Die spannende Geschichte der Piraten.
Best.-Nr. 4637 14,80/ÖS 119,–

Ruth Tomson
Indianer
Wie lebten die Prärie-Indianer? Best.-Nr. 4638 14,80/ÖS 119,–

Fred Pearce/Jan Winton
Die Erde soll weiterleben!
Was wir dafür tun können. Das Buch gibt Tips und Ratschläge.
Best.-Nr. 4599 19,80/ÖS 149,–

Mini Bücher
Zauberhafte kleine Bücher mit hübschen Illustrationen.

Insekten, Best.-Nr. 4579 **Wetter**, Best.-Nr. 4580
Fische, Best.-Nr. 4582 **Samen**, Best.-Nr. 4583
Vögel, Best.-Nr. 4584 **Blumen**, Best.-Nr. 4585
Blätter, Best.-Nr. 4586 **Wohnungen**, Best.-Nr. 4587
Tiere, Best.-Nr. 4588 **Farben**, Best.-Nr. 4589
Formen, Best.-Nr. 4590 **Zahlen**, Best.-Nr. 4591
Je Band 4,80/ÖS 39,–

Erhard Dietl
Der Witzexpreß
Hunderte von Witzen stellen die Lachmuskeln auf eine harte Probe. Best.-Nr. 4624 12,–/ÖS 95,–

Lise Gast
Pferdeglück
Zwei wunderschöne Pferderomane.
Best.-Nr. 4622 12,–/ÖS 95,–

Marie-Louise Fischer
Ulrike im Internat
Drei pfiffige Internatsgeschichten.
Best.-Nr. 4623 12,–/ÖS 95,–

Berte Bratt
Umwege zum Glück
Glück und Leid der ersten Liebe.
Best.-Nr. 4657 10,–/ÖS 79,–

Matthias Martin
Gejagt unter glühender Sonne
Abenteuer ohne Pause. Best.-Nr. 4719 10,–/ÖS 79,–

Caspari/Kolnberger/Pabel
Pferde im Frühling
Drei unvergeßlich schöne Pferdegeschichten.
Best.-Nr. 4682 10,–/ÖS 79,–

Fischer/Pfeiffer/Brückner
Träume einer Schülerin
Drei ungekürzte Titel zum Thema Schule.
Best.-Nr. 4658 10,–/ÖS 79,–

Almqvist/Gustavson
Mein Pony gibt's nur einmal
Pferde über alles. Best.-Nr. 4681 10,–/ÖS 79,–

Edda Bars/Evelyne Kolnberger
Zum Verwechseln ähnlich
Lustige Zwillingsgeschichten.
Best.-Nr. 4655 12,–/ÖS 95,–

Rainer M. Schröder
Schnüffelnasen auf der Lauer
Drei heiße Fälle für Kommissar Klicker
Spaß und Spannung für alle Spürnasen.
Best.-Nr. 4672 12,–/ÖS 95,–

Andrea Pabel
Die große Herde
Das Wildpferd aus den roten Bergen, Bd. 1 – 3
Alles über die wilden Pferde der sagenhaften roten Berge. Best.-Nr. 4476 12,–/ÖS 95,–

Wenn das Herz erwacht
Bekannte Autoren erzählen von Freundschaft und Liebe, vom Ende der Einsamkeit und vom Augenblick des Glücks.
Best.-Nr. 4656 19,80/ÖS 149,–

Stefan Wolf
- **Terror! Gold! Duell!**
  Drei spannende Einzelbände
  Best.-Nr. 4674 12,–/ÖS 95,–
- **Gift! Alarm! Wilddiebe!**
  Best.-Nr. 4676 12,–/ÖS 95,–
- **Gespenst! Vampir! Rauschgift!**
  Best.-Nr. 4675 12,–/ÖS 95,–

Spannende Fälle für die vier Spürnasen vom TKKG.
Je 12,–/ÖS 95,–

auf. Sie kündigten den Sturm an, der bald die See aufwühlen und hohe Wellen über die Insel und an die Deiche peitschen würde.

Sara und Sebastian blickten schweigend zurück nach Norderoog-Sand. Sie wären so gerne noch länger dort geblieben. Ihr Vater hatte ihnen jedoch erklärt, daß sie den Container während des Sturms nicht hätten verlassen dürfen. Und das wäre vielleicht doch etwas zu langweilig geworden.

Fischer Hansen hatte ihnen eine kleine Ferienwohnung in einem alten Bauernhaus direkt hinter dem Deich besorgt.

„Hier könnt ihr bleiben, bis euer Vater euch abholt", sagte er langsam. Zum erstenmal hörten die Geschwister einen ganzen Satz aus seinem Mund. Sonst waren höchstens mal ein oder zwei Worte über seine Lippen gekommen.

Damit ließ Hansen sie allein. Er selbst wohnt gleich nebenan in einem reetgedeckten Haus zwischen Kirsch- und Apfelbäumen.

„Sieht eigentlich ganz gut aus", meinte Sebastian, nachdem er die Küche und das Schlafzimmer der kleinen Ferienwohnung begutachtet hatte. Am besten fand er natürlich, daß es auch einen Fernseher gab. „Ich hänge mich gleich mal vor die Glotze. Mal sehen, was es gibt."

Er wollte sich in einen der beiden Sessel sinken

7 4475-8

lassen, doch Sara zog das Möbelstück zur Seite.

„Nichts da!“ protestierte sie. „Wir haben noch eine Menge zu tun. Zum Beispiel einkaufen.“

„Das ist schnell erledigt“, winkte Sebastian ab und setzte sich. „Mich brauchst du dazu wohl nicht, oder?“

„Nein“, meinte Sara und blickte ihn listig an. „Und bei den Eierdieben auch nicht.“

Mit einem Satz sprang Sebastian auf. Seine Augen weiteten sich, und man konnte förmlich sehen, wie es hinter seiner Stirn arbeitete.

„Mach den Mund zu“, sagte Sara lachend, „und schalte das Gehirn ein. Wir wissen doch, wo sich der Verwalter des Grafen, Ritschie und das Mädchen aufhalten.“

„Stimmt!“ rief Sebastian und schlug sich mit der flachen Hand gegen die Stirn. „Das hatte ich total vergessen. Wir sind ja an dem Haus vorbeigefahren, nachdem wir mit der Fähre auf Pellworm angekommen waren. Der Mercedes und der Geländewagen standen davor.“

„Und außer Ritschie, dem Verwalter und dem Mädchen auch noch das ausländische Ehepaar und der Mastino“, ergänzte Sara.

In Sebastians Augen leuchtete es begeistert auf. „Toll!“ rief er. „Besser hätte es gar nicht kommen können! Wir haben mindestens zwei Tage Zeit, uns um die Eierdiebe zu kümmern."

„Genau! Vielleicht finden wir etwas heraus, was den Grafen und seinen Verwalter ins Gefängnis bringt. Bei den Seeadlern sind sie ungeschoren davongekommen. Jetzt haben sie wieder Eier gestohlen und die Vögel beim Brüten gestört. Dafür sollen sie bezahlen!"

Sebastian kratzte sich am Hinterkopf. „Dann ist es ja fast ein Glück, daß wir Norderoog-Sand verlassen mußten", meinte er. „Wenn nur nicht dieser Mastino wäre! Vor dem habe ich Angst."

„Darüber machen wir uns jetzt noch keine Gedanken", entschied Sara. „Jetzt gehen wir erst mal einkaufen."

Fischer Hansen hatte ihnen erlaubt, die beiden Fahrräder zu benutzen, die in einem Schuppen neben dem Haus standen. Es waren alte, rostige Räder, die nur selten benutzt wurden. Aber sie fuhren.

Die Geschwister machten sich auf den Weg ins nächste Dorf. Bald schon kamen sie an dem Haus vorbei, bei dem sie den Verwalter, Ritschie, das Mädchen und das Pärchen aus dem Fernen Osten gesehen hatten.

Der Junge und das Mädchen saßen an einem Tisch im Garten und waren in ein Spiel vertieft.

Plötzlich hatte Sara eine Idee. Sie bremste und stieg vom Fahrrad. Bevor Sebastian es verhindern konnte, hatte sie die Luft aus ihrem Vorderreifen gelassen.

„Bist du verrückt?“ fuhr Sebastian sie an. „Was soll das? Wir haben keine Luftpumpe!“

„Eben“, lächelte sie. „Genau deswegen habe ich es ja getan.“

„Das soll einer kapieren“, stöhnte ihr Bruder. „Ich jedenfalls nicht.“

„Brauchst du auch nicht. Komm einfach mit.“

Sara drehte sich um und schob das Fahrrad in den Hof des Hauses. Zögernd folgte Sebastian ihr.

„Hallo“, rief Sara. „Könnt ihr mir helfen?“

Ritschie blickte auf und musterte die beiden. Dann zupfte er sich am Ohrläppchen. „Euch kenne ich doch irgendwoher“, meinte er stirnrunzelnd.

„Weißt du nicht mehr?“ Das Mädchen verschob heimlich einen Stein auf dem Damebrett. Dann stützte sie sich mit dem Ellenbogen auf den Tisch. „Das ist doch die mit dem Coladosentick.“

Ritschies Gesicht erhellte sich. „Ja, natürlich“, rief er. „Das war im März bei uns an der Ostsee. Du hast Coladosen gesammelt.“

„Es war nur eine einzige Dose“, verbesserte Sara ihn. Sie lehnte ihr Rad an die Hausmauer und trat zu Ritschie. Angespannt horchte sie, ob im Haus ein Hund bellte. Doch entweder war der Mastino nicht da, oder er verhielt sich ruhig. „Außerdem sammle ich keine Coladosen", klärte sie Ritschie auf. „Ich hebe nur ab und zu mal eine auf und werfe sie in den Abfalleimer. Solche Dosen sind nämlich Tierfallen. Alle möglichen Tiere kriechen hinein und kommen nicht wieder heraus. In der Schule haben wir mal weggeworfene Dosen untersucht: Da waren bis zu hundert tote Kleintiere drin."

„Ist mir doch egal", sagte Ritschie grinsend und entblößte seine kleinen, spitzen Zähne. „Wenn sie so blöd sind, da reinzukriechen, sind sie selber schuld."

„Es sind Höhlen für sie, in denen sie Schutz suchen", erläuterte Sara. „Aber wenn wir solche Dosen einfach in die Gegend werfen, schützen wir die Tiere nicht, sondern wir bringen sie um."

„Mir doch egal." Ritschie schob die Hände in die Hosentaschen und streckte die Beine aus. „Was wollt ihr eigentlich hier?"

„Ich wollte dich fragen, ob du eine Luftpumpe hast", erwiderte Sara. „Mein Vorderreifen ist platt."

„Ach so! Ich dachte, du wolltest mich fragen, ob ich eine leere Dose für dich habe."

Sara lachte nicht, und Ritschie grinste schief. Dann starrte er auf seine Füße und überlegte, was er tun sollte. Schließlich faßte er einen Entschluß und stand auf. „Ich hole dir eine, aber aufpumpen mußt du selber."

„Danke. Das ist nett von dir." Sara setzte sich dem

Mädchen gegenüber und lächelte ihr zu. „Seid ihr Geschwister?“

Das Mädchen nickte scheu und spielte mit einem Damestein.

Sara streckte ihr die Hand entgegen. „Ich bin Sara Berresen, und das ist mein Bruder Sebastian.“

Zögernd ergriff das Mädchen Saras Hand, doch sie erwiderte den Druck nicht. Ihre Hand fühlte sich schlaff und kraftlos an. „Ich bin Julia“, sagte sie und senkte den Blick. In diesem Moment erinnerte sie an den Verwalter des Grafen: Auch er schien niemandem in die Augen sehen zu können.

„Julia“, wiederholte Sara. „Und wie weiter?“ Gespannt blickte sie das Mädchen an. Würden sie jetzt endlich erfahren, ob Ritschie und Julia vielleicht doch die Kinder des Grafen waren? Oder seine Enkel?

Julia antwortete nicht. Sie starrte auf das Damebrett, als könne sie nicht begreifen, weshalb sie schon wieder am Verlieren war.

Sara sah sich das Damespiel an. Julias Position war gar nicht so schlecht. Sie konnte das Spiel durchaus noch gewinnen. „Darf ich dir einen Tip geben?“ frage Sara. Sie wartete Julias Antwort gar nicht erst ab, sondern zeigte ihr die nächsten Spielzüge. „Kapiert?“

Das schüchterne Mädchen verfolgte die Züge aufmerksam, und plötzlich erhellte sich ihr Gesicht. „Ja, so kann ich gewinnen“, meinte sie erfreut.

Sara hoffte, das Gespräch ausdehnen und noch ein wenig mehr erfahren zu können, aber da kam Ritschie mit der Luftpumpe zurück. Er warf sie Sebastian zu, der sie geschickt auffing und sich sofort daranmachte, den platten Reifen aufzupumpen. Dabei sah er sich unauffällig um – und da bemerkte er auch den Geländewagen im Hof.

Gar zu gern wäre er zu dem Auto gegangen, um nachzusehen, ob vielleicht ein Modellflugzeug darin lag. Er nahm sich vor, Ritschie unauffällig in ein Gespräch über Modellflugzeuge zu verwickeln.

Ritschie hatte inzwischen wieder auf seinem Stuhl Platz genommen.

„Wir wohnen für ein paar Tage da drüben bei dem alten Bauernhaus“, sagte Sara. „Nur ein paar hundert Meter von hier. Besucht uns doch mal, wenn ihr Lust habt. Oder sollen wir noch mal kommen?“

Herablassend zuckte Ritschie mit den Schultern. „Wozu?“

„Wir könnten Dame spielen“, antwortete Sara. Sie ging zu ihrem Fahrrad, während Sebastian die Luftpumpe auf den Tisch legte. „Ich habe mir die Stellung deiner Steine angesehen. So könntest du gegen mich nicht gewinnen. Nicht ein einziges Mal!“

Damit stieg sie lässig auf ihr Fahrrad und fuhr los,

ohne sich noch einmal umzusehen.

„Vielen Dank für die Pumpe“, sagte Sebastian. Er blickte so unschuldig drein, als habe er überhaupt nicht begriffen, was geschehen war. Am liebsten aber hätte er laut gelacht, denn er merkte sehr wohl, daß Saras Worte ihre Wirkung nicht verfehlt hatten. Er mußte zugeben, daß seine Schwester mal wieder schneller geschaltet hatte als er. Sie hatte sofort erkannt, daß es Ritschie keinen Spaß machte, mit Julia Dame zu spielen. Sie war nicht gut genug, und deshalb gewann er immer. Das war auf die Dauer langweilig, aber offensichtlich wußten die beiden sich nicht anders zu beschäftigen.

Ritschie sah nun gar nicht mehr so überlegen aus wie zuvor. Er war aufgestanden und blickte Sara wütend nach.

Sebastian schwang sich auf sein Fahrrad und trat kräftig in die Pedale, um seine Schwester einzuholen.

Gewagtes Spiel

Mit prall gefüllten Einkaufstaschen an den Fahrradlenkern machten sich Sara und Sebastian auf den Rückweg. Der Wind war zum Sturm geworden. Er blies ihnen so heftig ins Gesicht, daß sie nur langsam und mühselig vorankamen.

Schon von weitem sahen sie Ritschie, der vor dem Haus an einem Zaunpfahl lehnte und an einem Stück Holz schnitzte. Er war allein.

„Er hat angebissen", frohlockte Sebastian. „Wetten, daß er mit dir spielen will?"

Sara antwortete nicht. Sie stieg ab und entschloß sich, ihr Rad zu schieben. Gegen den Wind zu fahren war allzu mühsam. Ihr Bruder strampelte noch ein paar Meter, gab dann aber auch auf.

Ritschie hob lässig die rechte Hand, als sie ihn erreichten. Sein langes, schwarzes Haar wehte ihm unablässig ins Gesicht. „He", sagte er und grinste. „Was habt ihr denn da? Tüten voller weggeworfener Dosen?"

Sara lachte. „Quatsch", erwiderte sie fröhlich. „Fast nur Pommes, Ketchup und Mayo. Mein Bruder ist verrückt danach. Er könnte jeden Tag zehn Portionen davon vertilgen, ohne dick zu werden. Ich esse lieber andere Sachen."

„Wo ist Julia?" erkundigte sich Sebastian. „Ist es ihr zu windig geworden?"

„Die ist eingeschnappt", grinste Ritschie. „Sie hat keine Ahnung von Dame."

„Und das hast du ihr natürlich auch gesagt", stellte Sara fest.

„Genau!" Ritschie neigte den Kopf zur Seite und blickte Sara forschend an. Er schien nicht recht zu wissen, was er von ihr halten sollte. „Und du? Spielst du wirklich so gut Dame?"

„Wir können es ja mal ausprobieren", antwortete Sara und schob das Rad weiter. „Sag Bescheid, wenn du Lust dazu hast."

Ritschie ging neben ihr her. „Von mir aus gleich", erwiderte er.

Sara blieb stehen. Sie tat so, als müsse sie erst überlegen. Nachdem sie ihn ein paar Sekunden lang hatte zappeln lassen, nickte sie. „Okay", stimmte sie zu, „aber wir müssen bei euch spielen. Wir haben kein Damespiel."

Unwillkürlich hielt Sebastian den Atem an. Aus den Augenwinkeln heraus beobachtete er Ritschie. Jetzt wurde es ernst: Würden sie in das Haus kommen und sich dort umsehen können? Würden sie dort Beweise finden, die dem Verwalter und vielleicht auch Ritschie als Eierdiebe entlarvten? Wenn Ritschie vorschlug, zu ihnen zu kommen und sein Damespiel mitzubringen, war die Chance vertan.

„Ist mir egal“, erklärte Ritschie jedoch. Er kam gar nicht auf die Idee, daß Sara und Sebastian ein klug eingefädeltes Spiel mit ihm trieben.

„Gut“, sagte Sara rasch. Sie wollte ihm keine Gelegenheit geben, es sich noch anders zu überlegen. „Wir sind in zehn Minuten wieder da.“

Ritschie nickte, steckte seine Hände in die Hosentaschen und ging mit weit ausholenden Schritten auf den Deich, um auf die sturmgepeitschte See hinauszublicken.

„Jetzt überlegt er sich eine Taktik“, vermutete Sebastian. „Er will unbedingt gegen dich gewinnen.“

„Soll er doch“, entgegnete Sara. „Je mehr er sich auf das Spiel konzentriert, desto besser.“

Als die Geschwister zehn Minuten später zurückkehrten, kam Ritschie hinter dem Haus hervor. Er kickte eine leere Bierdose vor sich her, die offenbar jemand auf den Hof geworfen hatte. Sie kullerte vor einen Mülleimer. Er starrte sie nachdenklich an, kickte sie dann geschickt mit dem Fuß in die Luft, fing sie mit der Hand auf und warf sie in den Eimer.

„Ich habe den Hund in den Zwinger gesperrt“, verkündete er dann. „Ihr braucht keine Angst vor ihm zu haben.“

„Den Mastino?“ fragte Sebastian.

„Ja. Der andere Hund ist nicht hier.“

Sara merkte ihm an, daß er ein Lob von ihr erwartete, weil er die Dose aufgehoben und in den Mülleimer geworfen hatte. Sie lächelte ihm anerkennend zu und folgte ihm dann ins Haus.

Sebastian zögerte noch. Er wollte schnell noch einen Blick auf den Zwinger mit dem Kampfhund werfen.

Das große, schwarze Tier blickte ihn mit unergründlichen Augen an. Mit seiner in Falten gelegten Stirn sah er unendlich traurig aus.

„Brauchst du eine Extra-Einladung?“ rief Ritschie, der an der Haustür wartete.

„Nein, nein“, entschuldigte sich Sebastian. „Ich wollte mir nur noch mal den Hund ansehen. Einen Mastino sieht man ja nicht alle Tage.“

„Vor allem nicht so einen“, sagte Ritschie geschmeichelt.

Bevor Sebastian das Haus betrat, sah er sich noch einmal um. Der graue Geländewagen war jetzt weg. Und dann hatte er einen Geistesblitz: Ganz bestimmt waren Ritschie und Julia die Kinder des Verwalters!

Er folgte Ritschie durch einen holzgetäfelten Flur. Eine Treppe führte zum Dachgeschoß, eine andere in den Keller. An einer Garderobe hingen gelbe Regenjacken neben grünen Jägerjacken und Lodenmänteln. Auf einer Kommode lagen allerlei bunte Papiere. Sebastian beachtete sie nicht weiter, sondern folgte Ritschie ins Wohnzimmer. Um einen Tisch mit schwerer Marmorplatte standen vier wuchtige Sessel. Die zierliche Julia, die in einem der Sessel saß, wirkte geradezu verloren darin.

Der Sturm heulte um das Haus. Er ließ das Dachgebälk knarren und rüttelte an den Fenstern. Irgendwo im Haus klappte eine Tür.

„Hol uns was zu trinken“, befahl Ritschie seiner Schwester. Julia erhob sich widerspruchslos, eilte in die Küche und kehrte gleich darauf mit Cola und Limonade für alle zurück.

Das Spiel begann.

Ein paar Minuten lang sahen Julia und Sebastian zu. Dann meinte Sebastian: „Müssen wir eigentlich zuschauen? Können wir nicht irgendwas anderes machen?“

Julia schüttelte scheu lächelnd den Kopf. „Ich möchte gern sehen, wer gewinnt“, erwiderte sie.

Das hatte Sebastian befürchtet. Er ließ sich seufzend in den Sessel zurücksinken und trank seine Limonade aus. Einige Minuten später unternahm er einen zweiten Versuch. „Ich müßte mal verschwinden“, sagte er. „Wo ist denn die Toilette?“

Julia zeigte auf die Tür, durch die sie hereingekommen waren. „Da lang und dann gleich rechts.“

Sebastian trat auf den Flur hinaus. Längst hatte er überlegt, wohin er gehen wollte. Die Räume im Erdgeschoß und unter dem Dach waren sicher bewohnt. Wenn es irgendwo etwas zu verbergen gab, dann im Keller.

So vorsichtig wie möglich eilte er die Treppe hinunter. Die Stufen knarzten ein wenig, aber bei dem tosenden Sturm würde das bestimmt keiner hören. Am Ende der Treppe befand sich ein kleiner Vorraum, von dem zwei Holztüren abzweigten. Als Sebastian die eine Tür öffnete, blickte er in einen Vorratsraum. In Regalen waren Konserven aufgeschichtet, aber sonst war nichts zu entdecken. Er schloß die Tür wieder und machte die andere auf.

Und dann verschlug es ihm buchstäblich den Atem.

An zwei Wänden und in der Mitte des schwach erleuchteten Raums standen mehrere Schaukästen aus Glas. Darin lagen Nester mit Vogeleiern der unterschiedlichsten Größe und Färbung. Auf kleinen Schildchen war jeweils vermerkt, was sie wert waren.

Sebastian wurde es schwindelig: Auf einigen Schildchen stand *DM 30 000* und auf manchen sogar noch mehr!

Auch zwei Eier von Seeadlern waren dabei. Sie waren weiß und etwa so groß wie Gänseeier. Man

hatte sie fachmännisch entleert. Sebastian wußte, wie so etwas gemacht wurde. Sein Vater hatte es ihm einmal erklärt: Die Eier wurden an einer Seite mit einer Spritze angebohrt und dann mit Luft aufgepumpt. Durch den Druck, der dabei entstand, wurden das Eiweiß und der Dotter herausgepreßt.

Graf von Haitabach, sein Verwalter oder wem auch immer dieses Haus gehörte, sammelte also Vogeleier. Er mußte sehr reich sein. Allein die hier ausgestellten Vogeleier waren so viel Geld wert, daß man sich zwei große Häuser davon kaufen konnte.

Aber der Eierdieb war nicht nur ein Sammler. An den anderen beiden Wänden des Raumes standen Brutkästen. Darin lagen Eier von Brandseeschwalben, Möwen und Austernfischern. Die erkannte Sebastian auf den ersten Blick, weil er sie gerade am Tage zuvor auf Norderoog-Sand in den Nestern der Vögel gesehen hatte.

In den Brutkästen wurden die gestohlenen Eier ausgebrütet. Doch wozu? Ganz bestimmt wurden die Küken nicht in die Freiheit entlassen. Dort hätten sie ohne Eltern gar nicht überleben können. Sie mußten mühsam aufgezogen werden. Und dann? Was geschah dann mit ihnen? Sebastian konnte es sich nicht erklären.

Zwischen den Brutkästen befand sich eine Stahltür, doch Sebastian öffnete sie nicht. Er drehte sich um und rannte die Treppe hoch. Als er gerade das Wohnzimmer betreten wollte, fiel sein Blick auf die bunten Papiere auf der Kommode. Es waren Prospekte mit vielen Abbildungen von Vögeln. Die Schrift konnte er nicht lesen. Es waren chinesische oder japanische Schriftzeichen.

Sebastian versuchte gar nicht erst herauszufinden, was diese Prospekte zu bedeuten hatten, sondern kehrte ins Wohnzimmer zurück. Dort ließ er sich in einen der Sessel fallen und tat so, als sei nichts gewesen.

Sara hatte soeben das erste Spiel gewonnen. Die zweite Runde begann. Als sie ihn fragend anblickte, nickte er vorsichtig und hielt einen Daumen in die Höhe – das vereinbarte Zeichen dafür, daß er etwas gefunden hatte.

8 4475-8

Ware für den Vogelpark

Gleich nachdem Sara auch das zweite Spiel gewonnen und die ersten Züge des dritten Spiels gemacht hatte, hörten sie jemanden ins Haus kommen. Die Wohnzimmertür öffnete sich, und der Verwalter des Grafen von Haitabach trat ein.

Überrascht blieb er in der Tür stehen. Er hielt den Kopf gesenkt und blickte Sara und Sebastian von unten herauf an. Er wirkte unsicher, beinahe ängstlich. Nervös klopfte er sich mit seiner Gerte gegen die Wade.

Sara fiel gleich auf, daß er Julia sehr ähnlich sah. Während Julia allerdings empfindlich und schüchtern war, wirkte er irgendwie merkwürdig.

„Das sind Sebastian und Sara“, sagte Julia mit leiser Stimme. „Sie wohnen bei Fischer Hansen nebenan.“

„So!“ Das war alles, was er sagte. Er schloß die Tür wieder, und dann hörten sie, wie er die Treppe nach oben ging.

„Wer ist das?“ fragte Sebastian.

„Stefan, unser Bruder“, erwiderte Julia. „Es paßt ihm nicht, daß ihr hier seid. Aber macht euch nichts draus: Er ist immer so abweisend zu Fremden."

Komischer Typ, dachte Sebastian. Er ist mir nach wie vor unheimlich...

„Hast du noch 'ne Limo für mich?" fragte er, um von Stefan abzulenken.

Julia nickte, stand auf und machte sich auf den Weg zur Küche.

Sebastian folgte ihr und zog die Tür hinter sich zu. Er wollte sie etwas fragen, und Ritschie brauchte es nicht zu hören, sonst wurde er zum Schluß noch mißtrauisch. An der Kommode im Flur blieb Sebastian stehen und nahm einen der Prospekte in die Hand.

„Was ist das?" fragte er Julia, die gerade mit einer Limo-Dose in der Hand aus der Küche kam.

„Ach, das..." Sie nahm einen der Prospekte und klappte ihn auf. „Die sind von einem Vogelpark in Japan."

„Warst du schon mal in Japan?"

„Du meinst, weil die Prospekte hier liegen?" Julia lachte. „Nein, Japaner waren hier. Sie wollen Ware für ihren Park haben. Solche Seevögel, wie wir sie haben, gibt's dort nämlich nicht."

Durch das Fenster sah Sebastian jetzt auf einmal den grauen Geländewagen in den Hof fahren. Die Tür öffnete sich, und ein großer, vierschrötiger Mann stieg aus. Er hatte schwarze Haare, die jedoch an der rechten Schläfe schlohweiß waren. Nagelschmidt!

Sebastian fiel es wie Schuppen von den Augen. Natürlich! Japaner hatten im März nach dem Weg zu dem Herrenhaus von Nagelschmidt gefragt. Und Japaner waren gestern erst hier bei diesem Haus gewesen. Sie waren die Kunden der Eierdiebe. Die Küken aus den Brutkästen waren für einen Vogelpark in Japan bestimmt.

Nagelschmidt war der Übeltäter, nach dem sie gesucht hatten! Den Grafen hatten sie zu unrecht verdächtigt.

Jetzt wußte Sebastian auch, wen Ritschie gemeint hatte, als er gesagt hatte: „Der andere Hund ist nicht hier.“ Senta! Die junge Schäferhündin gehörte Nagelschmidt, dem Vermieter ihres Ferienbungalows an der Ostsee.

Jetzt war klar, warum Senta im März lieber bei ihnen im Bungalow als im Herrenhaus gewesen war: Dort war das Reich des Mastino!

„He, was ist los?“ fragte Julia. „Träumst du?“

Sebastian lächelte verstört. Er hatte gerade gesehen, daß Nagelschmidt in Richtung Hundezwinger gegangen war. Ließ der Bauer etwa den Mastino heraus?

„Ich dachte nur gerade, daß ich gern mal nach Japan reisen würde“, stammelte er.

Hinter ihm öffnete sich die Wohnzimmertür, und

Ritschie und Sara traten auf den Flur. Sara lachte, aber Ritschie machte ein finsteres Gesicht. Er war wütend und schien sich nur noch mühsam beherrschen zu können.

„Ich habe dir doch gleich gesagt, daß du nicht gegen mich gewinnen kannst“, sagte Sara fröhlich. „Wo ist das Klo?“

Sebastian zeigte auf die Tür zur Toilette und trat zur Seite, um seine Schwester vorbeizulassen. Von oben stolperte Stefan, der Verwalter des Grafen, die Treppe herunter. Er war auf einer Stufe ausgerutscht, fing sich aber wieder.

Genau in diesem Moment öffnete sich die Haustür, und Nagelschmidt trat herein. Groß und bedrohlich stand der reiche Bauer vor ihnen. Er hielt den Mastino locker mit der rechten Hand am Halsband. Irritiert durch den stolpernden Stefan, fletschte der Kampfhund die Zähne und knurrte drohend.

Darüber erschrak Sebastian so heftig, daß er zurückwich und gegen Sara prallte. Sara verlor das Gleichgewicht, versuchte noch, sich am Geländer festzuhalten, aber vergeblich: Sie stürzte die Kellertreppe hinunter.

Sebastian zögerte keine Sekunde und rannte sofort hinter ihr her, um ihr zu helfen.

Ritschie aber drehte durch. In seiner Wut über die verlorenen Spiele und weil er wußte, was es im Keller zu entdecken gab, brüllte er: „Papa, die wollen spionieren!“

Diese Worte versetzten wiederum Stefan in Panik. „Faß, Cäsar“, rief er. „Faß!“

Entsetzt sah Sebastian, wie oben an der Kellertreppe der Kampfhund die Lefzen hochzog und sein gewaltiges Gebiß entblößte. Sebastian riß Sara hoch und nutzte die einzige Möglichkeit zur Flucht: Während der Hund mit einem mächtigen Satz die Treppe hinuntersprang, öffnete Sebastian die Tür, die ihm am nächsten war, stürzte hindurch und zog Sara mit sich. Sie befanden sich in dem Raum mit den Vogeleiern und den Brutkästen.

„Nein, Cäsar! Zurück“, schrie Nagelschmidt. „Um Himmels willen – zurück!“

Doch der Mastino war nicht mehr zu halten. Mit voller Wucht rannte er gegen die Tür. Sebastian und Sara hörten, wie das Holz krachend zerbarst. Wieder schrie Nagelschmidt, um das tobende Tier zurückzuhalten.

„Schnell – durch die Stahltür!“ rief Sebastian.

Sara hinkte. Sie hatte sich den Fuß verstaucht und konnte kaum auftreten. Doch Sebastian zog sie an den gläsernen Schaukästen vorbei zu der Stahltür. Im selben Moment, in dem er sie aufdrückte, brach der Mastino durch die erste Tür. Wie tollwütig wollte er sich mit einem riesigen Satz auf die Kinder stürzen. In seiner blinden Raserei krachte er jedoch mit voller Wucht gegen die Schaukästen. Glas splitterte, und mit einem ohrenbetäubenden Getöse stürzten die Kästen mit ihrem wertvollen Inhalt um.

Sebastian sah mit einem Blick, daß fast alle Vogeleier zu Bruch gingen. Dann schlug er die Stahltür hinter sich zu – in letzter Sekunde, denn unmittelbar darauf hörte er, wie der Mastino mit voller Wucht gegen die Tür donnerte.

Sebastian legte den Arm um Sara, um sie zu stützen, und lief mit ihr durch einen dunklen Gang bis zu einer weiteren Tür. Er drückte die Klinke hinunter. Eine Treppe führte nach oben ins Freie. Sie hasteten die Stufen hinauf.

„Schnell", drängte Sebastian, als Sara für zwei Sekunden verschnaufen wollte. „Wenn sie den Hund rauslassen, ist es aus mit uns!"

Als sie die Straße erreichten, hielt ein altes Auto neben ihnen. Fischer Hansen stieß die Beifahrertür auf. „Kommt, steigt ein, ich nehme euch mit", sagte er.

„Zur Polizei!" keuchte Sebastian. „Bitte fahren Sie uns zur Polizei! Die Leute in diesem Haus sind Eierdiebe, und außerdem haben sie den Mastino auf uns gehetzt. Wir müssen sie anzeigen."

Hansen blickte zu dem Haus hinüber, als sei er keineswegs überrascht, nickte und fuhr los.

Am nächsten Tag flaute der Sturm ab, und Berresen kam von Norderoog-Sand zurück. Nachdem Sebastian und Sara ihm erzählt hatten, was geschehen war, ging er gleich zur Polizei. Er wollte nachfragen, ob schon etwas unternommen worden war.

„Die Polizei hat schnell gehandelt. Nagelschmidt ist geliefert", berichtete er später, als sie alle beim Abendbrot zusammensaßen. „Die Polizisten waren so schnell an Ort und Stelle, daß er das Beweismaterial nicht mehr beseitigen konnte. Auch sein Herrenhaus in Ostholstein wird man durchsuchen. Vermutlich wird man auch dort belastendes Material finden."

„Und die gestohlenen Vogeleier?" fragte Sara.

Berresen zwirbelte seine Bartenden zufrieden lächelnd nach oben. „Die sind nur noch wertloser Bruch", verkündete er. „Der Mastino hat so ziemlich alles zerstört, was im Keller war".

Dann wurde er wieder ernst und fuhr fort: „Nagelschmidt wollte nicht nur mit den Eiern große Geschäfte machen. Er hat auch gestanden, daß er aus Neid die Seeadler aufgestört hat. Es hat ihn immer schon geärgert, daß ausgerechnet in seinen Wäldern kein Adlerhorst war. Er hat dann an mehreren Horsten die Adler gestört und hat es tatsächlich geschafft, zwei Eier zu stehlen. Sein Sohn Stefan hat ihm dabei geholfen."

„Wie hat er denn das gemacht?“ fragte Sebastian. „Die Horste sind doch so gut gesichert.“

„Das hat man mir nicht verraten“, erwiderte sein Vater. „Es muß geheim bleiben, damit andere es nicht auch mit dieser Methode versuchen.“

„Und die Japaner?“ wollte Sara wissen. „Werden sie auch bestraft?“

„Das hoffe ich. Sie sind die Schlimmsten. Sie haben sich jedes Jahr Jungvögel von hier für ihren Vogelpark geholt. Viele Seevögel überleben nur wenige Monate in einem Park, gerade so lange, bis die Hauptsaison vorbei ist. Danach gehen sie ein. Aber das stört die Besitzer des Vogelparks nicht. Sie sind Jahr für Jahr hierher gekommen, um sich neue Jungvögel zu holen.“

„Sie müssen unbedingt bestraft werden“, sagte Sebastian betroffen. „Sie behandeln die Vögel wie eine Ware, mit der man tun und lassen kann, was man will.“

Wieder strich sich Berresen behutsam über seine Bartspitzen. „Anzeige haben wir erstattet, aber ob sie auch Folgen für die Japaner haben wird, das steht in den Sternen.“

„Können wir denn gar nichts tun?“ fragte Sara.

Berresen lächelte. „Doch, mein Schatz“, antwortete er. „Haltet auch weiterhin die Augen offen. Und vor allem: Hört nicht darauf, wenn die Erwachsenen sagen, daß man gegen solche Übeltäter nichts ausrichten kann. Sie sind nur zu bequem, etwas dagegen zu tun. Laßt euch nicht entmutigen!“

Wenn Ihr mehr über das Leben der Seeadler und der Vögel der Nordseeküste wissen wollt, könnt Ihr an die folgenden Organisationen schreiben und um Informationsmaterial bitten:

Internationaler Tierschutz-Fonds (IFAW)
Postfach 467

2000 Hamburg 55

Forstamt Eutin
Seeadlerschutzstation
Oldenburger Landstraße

2420 Eutin

Verein Jordsand zum Schutze
der Seevögel und der Natur e.V.
z.Hd. Herrn Uwe Schneider
Haus der Natur

2070 Ahrensburg

Hans G. Franciskowsky

AUF DEN SPUREN BEDROHTER TIERE

Im Reich der Robben

Band 1

Klassenarbeit! Und das eine Woche vor Beginn der Osterferien! „Na gut", seufzt Sebastian, „dann muß mir eben ein Wunder helfen!" Und das Wunder geschieht ... Zwei Stunden später sitzt Sebastian mit seiner Schwester Sara und dem Vater im Flugzeug nach Kanada. Dort begegnen die Kinder zum erstenmal in ihrem Leben den niedlichen Robbenbabys mit den schwarz glänzenden Augen. Aber sie stoßen auch auf Menschen, die diese Tiere jagen und töten. Als Sebastian und Sara in der Eiswüste in Not geraten, machen sie eine aufsehenerregende Entdeckung ...

Diese Serie entstand in Zusammenarbeit mit dem *Internationalen Tierschutz-Fonds* (IFAW)